「生きづらさ」を手放す

室城隆之
Takayuki Muroki

春秋社

はじめに

今、あなたは、どのような気持ちでこの本を手に取られているでしょうか？
もし、あなたが現在、何らかの悩みや生きづらさを感じているとすれば、あなたは**脚本**の中にいる可能性があります。

・人間関係がうまくいかない
・気分が憂うつで、生きる喜びを感じられない
・イライラして、ストレスがたまっている
・自分に自信がもてない
・人に会うのが怖くて、引きこもりがちである

などなど……。

脚本については後に詳しくお話ししますが、**我々が小さい子どもの頃に、意識しないままに編み出した、生き延びるための戦略**のことをいいます。

たとえば、厳しい親に育てられた子どもは「叱られないように、自分の考えは言わないようにしよう」と決めるかもしれません。親の言うことを聞いていればかわいがられた子どもは

「周りに好かれるように、『良い子』でいよう」と決めるかもしれません。元気がないときにだけ親がかまってくれた子どもは「落ち込んでいれば、周りが優しくしてくれるので、落ち込んでいよう」と決めるかもしれません。機嫌が悪いと親が気をつかってくれた子どもは「怒っていれば、周りが言うことをきいてくれるので、怒るようにしよう」と決めるかもしれません。

これらは、私たちが小さい子どもの頃には、確かにもっとも有効な戦略だったのです。そのため、大人になってからも、私たちは何かにつけて、その戦略で対処しようとします。しかし、大人になった今、その戦略は必ずしも有効ではないのです。あなたが生きづらさを感じていることが、その証拠です。

それでは、どうすればよいのでしょうか。

もし、あなたが自分の**脚本**に気づいたら、あなたはいつでもそこから抜け出して自由になることを選択できます。**脚本**にとらわれず、これまでの生きづらさから抜け出して、活き活きとした人生を送ることができるのです。子どもの頃に生き延びるためにした決断（早期決断）は、それが今の自分に適切でないと思えば、いつでも変えることができるのです。これを**再決断**といいます。つまり、**人はいつでも、自分の人生を自分で決め直すことができる**のです。

自分の**脚本**に気づき、**再決断**することを援助する心理療法を、**再決断療法**（**Redecision Therapy**）と言います。**再決断療法**は、アメリカの精神科医**ロバート**（通称ボブ）**・グールディング**（Robert Goulding 一九一七–一九九二）と精神科の医療ソーシャルワーカーだった**メリー・グール**

ディング（Mary McClure Goulding 一九二五―二〇〇八）の夫妻が、**交流分析**と**ゲシュタルト療法**を統合して考案した心理療法です。それは、何らかの生きづらさや悩みを抱えた人たちが、自分の早期決断に基づく**脚本**に気づき、そこから抜け出して自分らしく、活き活きと生きることができるように**再決断**することを援助する心理療法です。

本書は、**再決断療法**について皆さんに紹介することを目的としています。第1部では、具体的な例を挙げながら、生きづらさの原因とそこから抜け出す方法について説明します。第2部では、再決断療法とは何かについて、その基盤となっている二つの心理療法、すなわち交流分析とゲシュタルト療法についての説明を交えながら、お伝えします。そして第3部では、さまざまな再決断療法のワークを、具体例を挙げながらご紹介します。なお、本書で紹介する事例は、実際の事例を参考にしつつ、プライバシーの保護のため、筆者が改変した架空の事例であり、特定の個人とは関係ありません。また、ワークの内容と流れを紹介するために、やりとりを簡略化していることをお断りします。

本書は、今、何らかの悩みや生きづらさを感じている皆さんに、そこから抜け出す方法を提供します。えっ？　そんなこと信じられないって？　それはそうでしょう。まだ、この本は始まったばかりですから。しかし、この本を読み終えたとき、あなたはきっと、変化への第一歩を踏み出しているでしょう。

本書は同時に、カウンセラーや臨床心理士などの心理臨床の専門家の皆さんにも有用であると考えています。**再決断療法**は、人間の感情、認知、行動のすべてにアプローチする統合的な心理療法であり、その基盤は交流分析とゲシュタルト療法ですが、その背景には、精神分析、人間性心理学、認知行動療法、集団療法、家族療法などさまざまな心理療法の影響を受けています。そのため本書は、再決断療法を実践する専門家だけでなく、すべての心理臨床家の役に立つと信じています。

今から約三〇年前、当時民間企業に勤めていた私は、人間関係でつまずき、絶望的な気持ちで街をフラフラしていました。自分のすべてを否定されたように感じ、生きている意味も見出せず、ただあてもなくさまよっていたのです。そんなとき、ふと書店が目に入り、私はそこに入りました。そして、そこで何の気なしに手に取った一冊の本が、私の人生を変えました。いや、正確に言うと、私はその本と出会って、自分の人生を変える決断をしました。その本は、交流分析について書かれた本でした。そこには、こう書かれていました。**「あなたの人生は、あなたが変えられる」**と。

この本が、あなたにとってそんな一冊になることを願っています。

室城隆之

「生きづらさ」を手放す——自分らしさを取り戻す再決断療法　もくじ

第3部　再決断療法のさまざまなワーク　181

「生きづらさ」を手放す——自分らしさを取り戻す再決断療法

第1部　あなたの人生は変えられる

I　ある再決断療法ワークショップから

春雄さん（仮名）は、四一歳の会社員です。インターネットで再決断療法のワークショップを知り、参加しました。

通常、再決断療法は、グループで行われます。春雄さんが参加したグループは、二日間の再決断療法ワークショップのグループで、セラピストである私とグループ・メンバー六名（男性二名、女性四名）で構成されていました。

最初に私がグループ・メンバーに**「この二日間で何を得たいですか？　明日帰るときに、どんな自分になっていたいですか？」**と聞くと、グループ・メンバーは順々に、自己紹介とともに、この二日間のワークショップで自分が得たいものについて話しました。春雄さんも「職場でのストレスが高く、会社に行きたくない。明日帰るときには、少しでも仕事に行こうという気持ちになって帰りたい」と言いました。

その後、二人の女性がワークをし、春雄さんは三人目にワークをしたいと希望しました。再決断療法では、グループの中で、個々人が順番に、セラピストと個別ワークを行います。ワークは最初に、クライエント（ワークを受ける人をこう呼びます）とセラピストが**契約**をするところから始まります。

私（セラピスト）：春雄さんは**今日、ここで、自分の何を変えたいですか？**

春雄：私は今、会社で営業の仕事をしているのですが、仕事がつらくて、毎日職場に行くのがストレスなんです。

私：もう少し、どんな状況なのか教えてください。

春雄さんの話では、春雄さんは今の会社に入社して一八年目で、入社以来一生懸命に仕事に取り組み、営業成績も良かったそうです。しかし、最近ではそのために、自分にまわってくる仕事量が多くなり、残業をしてがんばってもなかなか仕事が終わらないとのことでした。そして、最近は、うっかりしてやらなければいけない仕事を忘れてしまい、上司に怒られることもありました。それ以来、朝起きると憂うつになり、仕事に行きたくないと感じることが多くなったと言います。

私：どのように変わりたいですか？

春雄：**もう少し楽になりたい。そして、気持ちよく仕事に行けるようになりたいです。**

これで、春雄さんの契約が明確になりました。そこで、私は具体的な状況の中で何が起きているのかを明確にするために、春雄さんに次のように尋ねました。

私：朝、職場に行こうとしている自分になって、現在進行形で何が起きているか教えてください。朝は、目覚ましで起きていますか？

春雄：はい。

私：では、今、目覚ましが鳴っています、から始めてください。

春雄：今、目覚ましが鳴っています。私は目覚ましを止めます。しかし、起きたくない気持ちでいっぱいです。それでも、仕事に行かなければいけないと思って、身体を起こします。

私：頭の中にどんなことが浮かんでいますか？

春雄：もう仕事に追われるのは嫌だという気持ちと、ちゃんと行かなければだめじゃないかという気持ちが交互に浮かんできます。

私：二つの気持ちがあるのですね。（二つの空の椅子を取り出す）こちらの椅子は「もう仕事に追われるのは嫌だ」という椅子で、もう一つの椅子は「ちゃんと行かなければだめじゃないか」という椅子です。それぞれの気持ちをもう少しよく知りたいので、それぞれの椅子に座って、気持ちを表現してください。

春雄：（最初に「もう仕事に追われるのは嫌だ」の椅子に座って）とにかくもう、仕事に追われるのは嫌なんだ。苦しいんだ。もっと楽になりたいんだ。（涙ぐむ）

私：今度はこちら（「ちゃんと行かなければだめじゃないか」）の椅子に座ってみてください。

春雄：（「ちゃんと行かなければだめじゃないか」）の椅子に座り）何を馬鹿なことを言っているんだ。仕事なんだから、やらなければいけないに決まっているじゃないか。（春雄さんは、こちらの椅子に座ると、背筋が伸びていて、どこかえらそうな感じである）

私：もう一度こちら（「もう仕事に追われるのは嫌だ」）の椅子に戻って、答えてみてください。

春雄：（「もう仕事に追われるのは嫌だ」の椅子に座って）それはわかっている。だけど、仕事の量が多すぎて、私にはできないんだ。もう、つぶれてしまいそうなんだ。

私：こちら（「ちゃんと行かなければだめじゃないか」）の椅子に座って、答えてみてください。

春雄：（「ちゃんと行かなければだめじゃないか」の椅子に座り）お前がやらなければ、誰がやるんだ。

私：こちら（「もう仕事に追われるのは嫌だ」）の椅子に戻って……。

春雄：……（「もう仕事に追われるのは嫌だ」の椅子に戻るが、うつむいて、言葉が出てこない）

私：今、どんな気持ちですか？

春雄：すごく、苦しいです。

私：**それはあなたにとって、なじみのある感じですか？**
春雄：はい。
私：いつから感じていますか？
春雄：ずっと感じてきたように思います。
私：いつごろの、どんなことが思い浮かびますか？
春雄：小学校低学年くらいのことが思い浮かびます。

春雄さんによれば、長男であった春雄さんは、小さい頃からお父さんの期待を受けて育ちました。春雄さんのお父さんはとても厳しい人で、春雄さんが小さい頃から、春雄さんをスイミングや空手に通わせる一方、塾にも通わせたそうです。そして、少しでも成績が悪いと、お父さんに厳しく叱られました。それで、春雄さんはお父さんの期待に応えようと一生懸命にがんばり、良い成績を上げてきたとのことでした。

私：それでは、お父さんを呼んできましょう。（春雄の前にあった「ちゃんと行かなければだめじゃないか」）の椅子の横にもう一つ椅子を持ってきて）この椅子に、その頃のお父さんを座らせてください。春雄さんは、小学校低学年の春雄さんになってください。
春雄：はい。

私：お父さんは座りましたか？
春雄：はい。
私：お父さんの期待を受けて、今、何を感じていますか。
春雄：とても緊張しています。
私：それを感じてください。緊張は身体のどこで感じていますか？
春雄：肩のあたりです。
私：肩が言葉を話すとしたら、何と言っていますか？
春雄：お父さんの期待に応えたい。でも、もし応えられなかったらと思うと、とても怖い。
私：それを目の前のお父さんに伝えてください。
春雄：（お父さんの椅子に向かって）お父さんの期待に応えたい。でも、もし応えられなかったらと思うと、とても怖い。
私：お父さんの椅子に座って、お父さんになってください。そして、春雄くんに答えてください。
春雄：（お父さんの椅子に座って）何を言っているんだ。お前ならできる。がんばれ。
私：春雄くんの椅子に戻ってください。
春雄：（春雄の椅子に戻る）
私：何を感じていますか？

春雄：苦しいです。お父さんの期待が重くのしかかってくるのを感じます。
私：お父さんに何て言いたいですか？
春雄：お父さんの期待はうれしいけど、ぼくには重すぎる。ぼくにだってできないこともあるんだ。それをわかってほしい。（涙ぐむ）
私：それをお父さんに伝えて。
春雄：とても言えません。そんなことを言ったら、お父さんに見捨てられてしまう。（涙があふれている）
私：それでどうしようと思っているのですか？
春雄：我慢してがんばろうと……。
私：それで、我慢してがんばってきたんですね。お父さんに見捨てられないためには、そのときはそれが一番良い方法だったんですね。賢い子どもでしたね。
春雄：（泣いている）
私：それで今でも、つらくても我慢してがんばっているんですね。これからもずっとそれを続けますか？
春雄：もう嫌です。もっと楽になりたいです。
私：そうですね。そのままそれを続けていたら、きっと身体も心もボロボロになってしまいますよね。そのことに気がつけたのは、あなたの力ですね。

春雄：（少し驚いたような表情で）はい。
私：つらくても我慢してボロボロになるまでがんばる代わりに、どうしたいですか？
春雄：できないことはできないと言いたい。無理をしないで生活したい。
私：そのことをお父さんに伝えてください。
春雄：お父さん。ぼくはもう、無理をするのは嫌なんだ。自分のペースで行動したいんだ。
私：もっと人生を楽しみたいんだ。
春雄：そう、もっと人生を楽しみたいんだ。（背筋が伸び、声が大きくなっている）
私：お父さんの椅子に座ってください。
春雄：（お父さんの椅子に座る）
私：何を感じていますか。
春雄：驚いています。この子がこんなことを言うなんて、と。それなら勝手にしなさいという感じです。
私：それを春雄くんに伝えてください。
春雄：それなら勝手にしなさい。
私：春雄くんの椅子に戻って。どんな感じですか？
春雄：何か、楽な感じです。自分のペースで行動していいんだと思うと。ただ、少し、不安も感じます。

私：お父さんにこう伝えてください。ぼくはお父さんのために生きているんじゃない。ぼくの人生は、ぼくのものだ。ぼくにはもう、自分で判断できる力がある。自分ができる範囲でがんばるし、できないことは断る。そして、人生を楽しむ。

春雄：ぼくはお父さんのために生きているんじゃない。ぼくの人生は、ぼくのものだ。ぼくにはもう、自分で判断できる力がある。自分ができる範囲でがんばるし、できないことは断る。そして、人生を楽しむ。

私：今は、どんな感じですか？

春雄：とてもスッキリしています。不安がなくなりました。（笑顔で、背筋も伸びている）

私：それでは、お父さんには退場してもらいましょう。（お父さんの椅子を片付ける）これから、仕事場ではどうしますか？

春雄：自分にできることとできないことを区別して、できることはがんばりたいし、できないことは断ります。そうすれば、自分のペースで仕事を楽しめそうです。

私：それでは、立って、グループのメンバーに、そのことを伝えてください。

春雄：（立ち上がり）私は、できないことはできないと断り、自分のペースで仕事を楽しみます。ぼくの人生は、ぼくのものなんだ！

グループ・メンバー：（拍手）

私：今、どんな気持ちですか？

春雄：とてもうれしいです。

私：ここでワークを終了してもいいですか？

春雄：はい。

グループ・メンバー：（拍手）

　このワークの後、グループ・メンバーから春雄さんに、「春雄さんがとても力強く見えた」「これからは自分のために生きてほしい」などのコメントが伝えられ、春雄さんはうれしそうにうなずいていました。

　再決断療法のワークショップでは、ワークの後、グループ・メンバーからクライエントに、クライエントがポジティブに受け取ることができるようなコメントを伝えます（これを、**ポジティブなストローク**と言います）。ネガティブなコメントやアドバイスは、禁止されています。これによってクライエントは、グループからのサポートを感じることができるのです。

Ⅱ　生きづらさには理由がある

我々が生きづらいと感じるとき、自分では気がつかなくても、そこには必ずその人特有の理由が存在します。春雄さんの場合は、「職場のストレスが高くて、仕事に行きたくない」というのが、現在の生きづらさでした。そして、その背景には、期待をされると自分の許容量を超えていても断ることができず、無理をしてがんばってしまうという春雄さん特有のパターンが存在していました。

さらに、ワークを進めていくと、そのようなパターンが、子どもの頃に、厳しかったお父さんに見捨てられないように、お父さんの期待に応えるためにできたものであることがわかりました。実は、現在の生きづらさの背景には、このような子どもの頃に身につけた適応パターンが存在していることが多いのです。

交流分析の創始者である**エリック・バーン**は、このように子どもの頃に身につけた適応パターンのことを**人生脚本**または**脚本**と呼びました。そして、大人になった今でも、その**脚本**にしたがって行動してしまうために、現実との間にズレが生じ、生きづらさや不適応が生じると考えました。

脚本とは**「無意識の人生計画」**であり、「子ども時代に作られ、両親に補強され、以降起こるさまざまな出来事によって正当化され、最終的に選択された一つの代替策で頂点に達する」ものとされています（E. Berne, 1972）。しかし、これだけでは何のことかよくわからないので、もう少し詳しく説明しましょう。

小さい子どもは、大人、特に両親（またはそれに代わる親的な人物）の保護なしには生きていくことができません。そのため、小さい子どもは、両親に受け入れてもらえるような行動をします。どのような行動をするかは、両親からどのような養育を受けるかによって変わってきます。小さい子どもは、両親からさまざまなメッセージを受け取ります。そして、それに合わせた行動をすることによって、両親に受け入れられようとします。それは、小さな子どもが生き延びていくための、子どもなりの智恵なのです。

たとえば、小さい頃に、泣くと親から怒られた子は、泣かないようにすることで親に受け入れられようとします。良い子でいることで親に喜ばれた子どもは、ますます良い子になって親を喜ばせようとするかもしれません。このように、生き延びるために親に受け入れられようとして、「私は自分の人生において、こう生きよう」という計画を立てます。これが**脚本**です。

バーンは、このような脚本は、子ども時代に無意識に作られると考えました。そして、いったん脚本が作られると、それはその後の人生の中で両親によって補強され、さらに気がつかないうちに、その脚本に合うように現実を歪曲して認識し、それによって脚本をますます正当化していくとしています。そして、大人になってから、たとえそれが現実に合わなくて生きづらく感じたとしても、脚本に気づかない限り、同じ行動をくり返し、同じ感情を味わい続けるのです。

たとえば、春雄さんは、子どもの頃に、厳しかったお父さんに見捨てられないように、お父さんの期待に応えようとして、「期待されたことは断らずに無理をしてでもがんばる」という早期決断をし、それに基づく人生計画すなわち脚本を作りました。そして、その後、がんばって良い成績をとり、お父さんに喜ばれることで、その脚本は強化されていきました。

そうなると、たとえ自分の許容量を超えた期待であったとしても、その現実を歪めて「自分にはできる」と考えてがんばり、良い成績を上げたことがまた脚本を正当化していったのです。そして、その結果、心身はボロボロになり、会社に行くことをストレスに感じるようになったのです。

このようなバーンの考え方に対して、グールディング夫妻は、子どもはただ親に従うだけの無力な存在ではなく、両親からのさまざまなメッセージに対して、子どもなりの感情と現実吟味を用いて、自分で「私はこう生きよう」という決断（これを**早期決断**という）をしており、それが脚本のもとになっていると考えました（Goulding & Goulding, 1979）。

つまり、親から同じメッセージを受け取ったとしても、それをどのように受け止めるかは子どもによって異なり、子ども自身が決めていると考えたのです。そして、自分が決めた早期決断なのだから、それが適当でないと気づけば、いつでも自分で決断をし直すことができると考え、これを**再決断**（**Redecision**）と呼んだのです。春雄さんは、ワークを受ける中で、「期待が許容量を超えていても、断らずに無理してがんばる」という自分の**早期決断**と**脚本**に気づき、「自分ができる範囲でがんばるし、できないことは断る。そして、人生を楽しむ」という**再決断**をすることによって、**脚本から脱け出した**のです。

III　子ども時代の決断が、なぜ現在に影響するのか

もし、あなたが現在、こころに悩みを抱えていたり、何らかの生きづらさを感じているとしたら、あなたは子ども時代の早期決断に基づいた脚本に従って生きている可能性があります。それでは、子ども時代の早期決断は、なぜ現在の悩みや生きづらさをもたらすのでしょうか？

その決断は、子ども時代のあなたにとっては、両親に受け入れられ、生き延びていくための智恵でした。その決断が、あなたを守ってきたのです。しかし、その決断は、今のあなたには、必ずしも適切とは言えないのです。なぜなら、早期決断は、子ども時代の感情と未発達な現実吟味による決断だからです。幼い子どもは、大人と同じような感じ方や考え方はしません。

たとえば、小さな女の子がお母さんに話しかけている場面を想像してみてください。ところ

が、お母さんは生まれたばかりの妹の世話に追われて、その女の子の話を十分に聞くことができません。それでもしつこく話しかけるその子に、お母さんはとうとう「邪魔しないで」と怒ってしまいました。

大人のあなたであれば、「お母さんは妹の世話で忙しいから、今は話を聞いてもらうのは難しい。後で、お母さんの手が空いているときに話しかければ、聞いてもらえるだろう」と考えるでしょう。しかし、その子はお母さんに怒られたことに強い悲しみを感じ、「自分は大切ではなく、邪魔な存在なんだ」と受け取ってしまうかもしれません。そして、「迷惑をかけないように、自分がしてほしいことを言うのはやめよう」と決断してしまうかもしれないのです。

皆さんにはおわかりのとおり、これは現実ではありません。このお母さんは、もちろんこの女の子のことも大切に思っていて、邪魔な存在だとは思っていないのです。ただ、そのときには妹の世話で追われていて、その子の面倒を見られる状況にはなく、それがわからずに話しかけてくるその子に、思わず「邪魔しないで」と怒ってしまっただけなのです。

しかし、小さな女の子には、そのような現実をきちんと理解する力はありません。お母さんに拒否されたと感じ、その悲しみの感情が「自分は大切ではなく、邪魔な存在なんだ」というファンタジーを生んだのです。そして、その子が「迷惑をかけないように、自分がしてほしいことを言うのはやめよう」と決断したのは、また（ファンタジーの中の）お母さんに話しかけて、拒否されて傷つくことから自分を守る、そのときの最善の智恵だったのです。

しかし、女の子がその後も自分の欲求を母親に伝えることなく育ち、大人になった今でも周りの人たち、つまり夫や友人、職場の上司や同僚たちに、自分の欲求は一切主張せず、ただ従っていたとしたらどうでしょう。もちろん「それが私の幸せだ」と考えて、幸せに暮らしているかもしれません。しかし、おそらくその女性は、こころの中に満たされない気持ちを抱えながら、生活しているでしょう。また、孤独な状態であったり、うつ状態や心身症になったり、DV（夫からの暴力）の被害者になっているかもしれません。

この例のように、子ども時代の早期決断はしばしば、確かにそのときにはあなたを守る最善の智恵だったとしても、現在のあなたにとっては必ずしも適切ではなく、むしろあなたが悩みや生きづらさを感じる原因になっているのです。

なぜなら、第一に、子ども時代の早期決断は、子ども時代の感情と未発達な現実吟味による子どものファンタジーに基づいており、必ずしも現実ではないからです。この例の女の子の中には、自分が要求すると拒否をする母親の姿が取り入れられ、それが「迷惑をかけないように、自分がしてほしいことを言うのはやめよう」という早期決断に結びついたのです。しかし、この「自分が要求すると拒否をする」という母親像は、現実の母親ではなく、この女の子のファンタジーの母親像です。つまり、実際には、この女の子が他の状況で母親に話しかけることができていれば、優しい母親を体験することができたかもしれなかったのです。

第二に、子ども時代の早期決断は、そのときのあなたをとりまく**特殊な状況**の中での決断であり、他の状況には必ずしも当てはまらないからです。この女の子の母親は、おそらく他の状況であれば、この女の子の話を聞くことができたでしょう。また、仮にこの母親がいつでもこの女の子の欲求を満たすことができなかったとしても、母親以外の人たちは、彼女の欲求を必ずしも拒否はしないでしょう。つまり、「自分は大切ではなく、邪魔な存在なんだ」というのは、特殊な状況の中で起きたことを過度に一般化してしまった受け止め方であり、現実にはそぐわないのです。

このように、子ども時代の早期決断に基づく脚本に従っていると、本来は現実の世界で得られるものを得られないことになります。この例の女性であれば、夫や友人、職場の上司や同僚に、自分の欲求を伝え、それを満たしてもらったり、相互に支え合う関係を築いたりすることもできるのです。しかし、「迷惑をかけないように、自分がしてほしいことを言うのはやめよう」という子ども時代の早期決断に基づく脚本に従っていると、それを得られないのです。それが、こころの悩みや生きづらさ、ひいては精神的に不健康な状態に陥る原因となってしまうのです。

Ⅳ　人はなぜ脚本に従うのか

それでは、我々はなぜ、子ども時代の早期決断に基づいた脚本に、大人になった今でも従ってしまうのでしょうか。

それは、一言で言えば、**また子ども時代のような体験をして、傷つきたくないから**です。子ども時代に、自分にとってもっとも重要な存在であった父母（またはそれに代わる親的な人物）との間で体験した出来事やそのときの感情は、それがどのようなものであれ、強いインパクトを与えます。それがポジティブなものであれば、それは子どものその後の人生における基本的な信頼感の基盤となるでしょう。しかし、それがネガティブなものであった場合、それは一種のトラウマ体験となって、こころの中に強く刻まれます。

その後の人生の中で、我々は意識的にも無意識的にも、できるだけそのようなトラウマ体験を避けたいと思います。そのためには、できるだけそのような体験をする恐れのある状況を避けて、傷つかないようにするでしょう。その際に、役に立つのが、早期決断（脚本）に従うことです。

我々のこころの中には、子ども時代にトラウマ体験をした状況の中で、早期決断をすることによって生き延びたという体験が残っています。そのため、再びトラウマ体験をする恐れのある状況になりそうになると、早期決断（脚本）に従うことによって、自分を守ろうとするのです。その結果、悩んだり生きづらさを感じたり、精神的に不健康になったとしても、我々は再びトラウマ体験をして傷つくよりは、早期決断（脚本）に従うことによって傷つかないことを選択しているのです。

ときには頭の中では、この生きづらさから抜け出したいと考えている場合もあります。しかし、もし早期決断（脚本）に従わず、今までとは異なる行動をしたとすれば、また子ども時代のようなトラウマ体験をして傷つくのではないかと、こころの中では恐れているのです。その結果、早期決断（脚本）に従うことで、悩みや生きづらさから抜け出せずにいるのです。このことを、夏子さんの例でみてみましょう。

夏子さん（仮名）は、四五歳の主婦です。友だちにきいて、筆者の再決断療法ワークショップに参加したと言います。ワークショップの最初には、「息子との関係をなんとかしたい」と言っていました。

私：夏子さんは**今日、ここで、自分の何を変えたいですか？**

夏子：実は、息子との関係で悩んでいて、それをなんとかしたいんです。

私：どういうことなのか、もう少し教えてもらえますか？

夏子：息子は大学二年生で、この夏に一か月間、イギリスに語学留学したいと言うんです。それで、私としては心配で反対したんですが、息子はどうしても行きたいと言うし、夫も「若い頃にはそういう体験をしたほうがいい」と言うので、私も仕方なく認めたんです。しかし、どうしても心配で、行く先はこの大学にしたほうがいいとか、飛行機はどの航空会社にするのかとか、つい口を出してしまうんです。それで、息子には怒られて、「お母さんは口を出さないで」と言われてしまい、自分でも反省はしたんですが、どうしても心配で仕方がないんです。つらくて……もうどうすればいいのか、自分でもわからなくて……。

私：どうしたいんですか？

夏子：本当は、息子に行ってほしくないんですけど……。私が心配し過ぎだっていうことは頭ではわかっているんです。でも心配で……。心配しないでいられるようになりたいです。

私：息子さんが初めて海外に行くのであれば、親だったら心配になるのは当然ですよね。

夏子：はい。でも、私は心配性なんです。昔から。必要以上に、何かあったらどうしようと考えてしまうんです。

私：それでは、必要以上に心配しないようになりたいということですか？　必要以上に心配する代わりに、どうしたいですか？

夏子：**心配はあっても、過度に心配せず、快く息子を送り出せるようにしたいです。**

これで、このワークにおける契約が明確になりました。夏子さんは、昔から過度に心配してしまうところがあり、息子を快くイギリスに送り出したいと思いながらも、心配で仕方がなく、それで苦しんでいたのでした。心配するのは当然であることを認めつつ、それが過度にならず、快く息子を送り出せるようになりたいというのが、夏子さんの契約です。

私：昔から心配性だったとおっしゃいましたが、いくつくらいのときからですか？
夏子：ずっと昔、小さい頃からなので、いつからと言われても……。
私：生まれたばかりの赤ん坊は、心配したりしませんよね。きっと何かきっかけがあったのだと思いますが……。
夏子：そう言われると、思い出したことがあります。

そう言って、夏子さんが語ったのは、次のような話でした。夏子さんが五歳くらいのとき、お父さんとお母さんは外出していて、夏子さんは二歳年下の弟と一緒に留守番をしていました。そのとき、弟が家の中で走り回って、机の角に頭をぶつけ、出血する大けがをしてしまったのです。夏子さんは急いでお母さんに電話をして、お母さんが帰宅し、それからは病院に弟を連れて行くなど大騒動でした。幸い、弟のけがは、数針を縫う程度のもので済んだのですが、夏子さんはそのときにお母さんから言われた言葉が忘れられないと言います。

夏子：お母さんは私に、「あなたがついていながら何をやっているの！　ちゃんと気をつけていないとダメじゃないの！」と言ったんです。（目には涙があふれている）

私：そう言われて、どう思ったんですか？

夏子：悲しくて……私がいけなかったんだと……。

私：どうしようと思いましたか？

夏子：これからは、もっと気をつけていこうと。

私：そうしないと何が起きる？

夏子：弟に何かあるかもしれないし、そのことでまたお母さんに怒られるし……（涙）。

私：そうやって、いつも注意深くすることで、弟や自分を守ってきたんですね。小さい夏子さんとしては、それが最善の選択だったんですね。

夏子：はい。（泣いている）

私：（夏子の前に空の椅子を持って来て）ここにお母さんを座らせてください。そして、お母さんに、そのとき言いたかったことを伝えてください。

夏子：お母さん。ごめんなさい。私のせいで○○（弟の名前）ちゃんにけがをさせてしまって。これからはもっと注意して、絶対にけがをさせたりしないから。

私：お母さんの椅子に座って、お母さんになって、答えてください。
夏子：（母親の椅子に座って）……。
私：何が起きていますか？
母親になった夏子：夏子がこんなに苦しんでいたとは思わなくて……。
私：そのことを夏子ちゃんに伝えてください。
母親になった夏子：夏子がそんなに苦しんでいたって、お母さん、気がつかなかった。○○（弟の名前）ちゃんがけがをしたのは、夏子のせいではないのよ。お母さんはただびっくりして、思わずあなたを怒ってしまったの。ごめんね。あなたたちに留守番をさせて、出かけていた私がいけなかったの。あなたのせいではないの。
私：夏子ちゃんの椅子に戻ってください。
夏子：（夏子の椅子に戻って）……。
私：何が起きていますか？
夏子：なんだかホッとしました。私、ずっと自分がいけなかったんだと思っていたんです。お母さんに私のせいではないと言われて、なんだか力が抜けました。
私：お母さんに今の気持ちを伝えてください。
夏子：お母さん。ありがとう。
私：お母さんになって、答えてください。

夏子：（母親の椅子に移って）なんだか、夏子がかわいそう。ずっと自分の責任だと思っていたなんて。

私：夏子ちゃんに伝えてください。

母親になった夏子：もう、心配しなくていいのよ。あなたはあなたらしくしていればいいの。

（筆者の顔を見て）抱きしめてもいいですか？

私：もちろん。

母親になった夏子：（夏子の椅子に近づき、そこに座っている夏子を抱きしめる）

私：これでいいと思ったら、夏子ちゃんに戻ってください。

母親になった夏子：（しばらくして、夏子の椅子に戻る）

私：今、どんな感じですか。

夏子：うれしいです。

私：それでは、お母さんには退場してもらっていいですか？

夏子：はい。

夏子さんにとってのトラウマ体験は、五歳のとき、弟と二人で留守番中に弟がけがをしてしまい、そのことでお母さんから「あなたがついていながら何をやっているの！　ちゃんと気をつけていないとダメじゃないの！」と言われたことでした。それが五歳の夏子ちゃんにとって、とてもショックな体験だったことは、言うまでもありません。そして、夏子ちゃんは強い罪悪感とお母さんに見捨てられる不安を感じ、「これからはもっと注意深くなろう」と早期決断をしたのでした。そして、また同じ体験をして傷つかないように、つねに自分が注意深くなければいけないと感じて、行動してきたのでした。しかし、そのために夏子さんは、自分が注意深く心配していないと、悪いことが起きると思い込み、心配することを止められなくなっているのです。それが、夏子さんの過度の心配性につながり、現在の苦しみを生んでいたのです。

このように、我々は子ども時代のトラウマ体験をくり返して再び傷つくことを恐れ、今ではもう時代遅れになっている子ども時代の戦略である脚本にしがみつき、その結果として現在の悩みや生きづらさを生じさせているのです。

V　脚本からの脱却

それでは、現在の悩みや生きづらさから抜け出すためには、どうすればよいのでしょうか。自分の脚本に気づき、それが現在の悩みや生きづらさの原因になっていることに気がつけば、我々はいつでもその脚本から抜け出すことができます。交流分析では、**過去と他人は変えられ**

ないが、今と自分は変えられると考えています。

前にも述べたように、グールディング夫妻は、脚本は子ども自身の決断である早期決断に基づいているので、現在の自分の能力を使って**再決断**することによって、脚本から抜け出すことができると説明しています。つまり、**自分の人生は自分で変えることができる**のです。

しかし、これまで頼りにしてきた戦略を捨てて、新しい生き方をすることには、つねにリスクが伴います。また、子ども時代に体験したようなトラウマ体験をして傷つくのではないかという不安を乗り越え、新しい一歩を踏み出す覚悟が必要です。そのため、ひとりでは、その不安を乗り越えられないことも少なくありません。

そこで、**再決断療法**が、あなたの再決断をサポートすることになります。再決断療法は、クライエントが再び傷つくことがないような安全な場を作るところから始まります。安全な場の中で、クライエントは自分の悩みを語り、セラピストのワークを通じて再決断をするのです。グループのメンバーは、それを温かい雰囲気でサポートします。夏子さんの再決断のワークを見てみましょう。

私：夏子さんは今でも、弟さんを守っているんですか？
夏子：いえ、弟はもう自立していますから。守る必要はないんです。
私：では、弟さんにそのことを伝えてください。（夏子の前に空椅子を置く）

夏子：あなたはもう自立しているから、私が守る必要はないね。
私：弟さんになって、答えてください。
夏子：（弟の椅子に移って）お姉ちゃん。今まで守ってくれてありがとう。でも、もう守ってもらう必要はないよ。
私：夏子さんの椅子に戻って。
夏子：（夏子の椅子に戻る）
私：どうですか？
夏子：何か、安心しています。
私：では、弟さんにも退場してもらっていいですね。（椅子を取り除く）では、今度は息子さんに登場してもらいましょう。（夏子の前に別の椅子を置く）息子さんをこの椅子に座らせてください。何を感じますか。
夏子：（顔つきが曇り）息子だと、胸が苦しくなります。やはり、心配です。
私：そのことを息子さんに伝えてください。
夏子：（息子の椅子に向かって）あなたがイギリスに行くのは心配だわ。何かあったらどうするの？
私：息子の椅子に座って、息子さんになって答えてください。
夏子：（息子の椅子に座り）大丈夫だよ、お母さん。心配いらないよ。ぼくはもう、子どもじゃないんだから。

私：夏子さんの椅子に戻って答えてみて。

夏子：（自分の椅子に戻り）でも、何かあったらどうするの？

私：何がありそうですか？

夏子：テロに巻き込まれるとか、飛行機が落ちるとか……。

私：それでは、息子さんにこう言ってください。もし、あなたに何かあったら、私のせいなのよ。私が注意深く心配している限り、あなたはテロにも巻き込まれないし、飛行機も落ちないのよ。

夏子：もし、あなたに何かあったら、私のせいなのよ。私が注意深く心配している限り、あなたはテロにも巻き込まれないし、飛行機も落ちないのよ。

私：言ってみてどうですか？

夏子：なんだか、ばかばかしくなってきました。私がいくら心配したって、何にもならないんですね。

私：息子さんになってみて。

夏子：（息子の椅子に移り）お母さん。ぼくはそういうことがないように、自分でよく注意するよ。ぼくを信用してください。

私：戻ってみて。

夏子：（夏子の椅子に戻る）
私：今、何を感じていますか。
夏子：息子を信用するしかないんですね。息子を信用します。
私：それを息子さんに伝えて。
夏子：私はあなたを信用します。自分できちんと自分を守ってください。
私：言ってみてどうですか。
夏子：落ち着いた気持ちです。
私：それでは、今の考えを私に伝えてください。
夏子：私は役に立たない心配をするのをやめて、息子を信じます。
私：これでこのワークを終わりにしていいですか？
夏子：はい。
私：では終わりましょう。
グループ・メンバー：（拍手）

夏子さんは、自分がいくら心配していても、何の役にも立たないという現実に気づき、「役に立たない心配をするのをやめて、息子を信じる」という再決断をしました。そして、それによって、「悪いことが起きないように、注意深くしていなければいけない」という脚本から抜け出したのです。ワークの後には夏子さんに対して、「私も息子がいるので、自分のことのように感じてワークを拝見させてもらった」「息子さんを思う夏子さんの気持ちが伝わってきた」などのストロークがメンバーから伝えられ、夏子さんもうれしそうに聞いていました。

Ⅵ　第1部のまとめ

1　悩みや生きづらさの背景には、**脚本**が存在している。

2　**脚本**は、両親（またはそれに代わる親的な人物）の保護なしには生きていくことができない幼い子どもが、両親に受け入れられ、生き延びていくことができるように身につけた適応パターンである。

3　脚本は、両親からのさまざまなメッセージを受けた子どもが、両親に受け入れられ、生き延びていくために、自分はこれからの人生をこう生きようという**早期決断**をすることから作られる。

4　早期決断には、子ども時代の感情と未発達な現実吟味に基づいて、トラウマ体験を伴う特殊な状況の中でなされるため、それに基づく脚本は、確かに子ども時代には自分を守ってきたが、大人になった現在の現実には必ずしもそぐわない。

5 しかし、子ども時代のトラウマ体験を再び体験して傷つくことを避けるために、我々は過去に自分を守ってくれた脚本にしがみつく。その結果、不適応や生きづらさが生じてしまう。

6 早期決断は自分でしたものであるから、自分が脚本に気づき、現在の能力を用いて現在の状況にふさわしい**再決断**をすることによって、脚本から抜け出すことができる。

7 しかし、自分ひとりで脚本に気づくことは、それが慣れ親しんでいるパターンであるために、難しい。また、たとえ気づいたとしても、自分を守ってきた脚本から抜け出すことは、傷つくリスクを背負うことになるため、自分ひとりで再決断を行なうことは難しい場合がある。そのため、専門家であるセラピストが存在する安全な場で、セラピストのサポートを受けながら**再決断療法**を行うことが有効である。

8 再決断療法は、グールディング夫妻が、交流分析とゲシュタルト療法を統合させて編み出した心理療法であり、何らかの生きづらさや悩みを抱えた人たちが、自分の**脚本**に気づき、そこから抜け出して自分らしく、活き活きと生きることができるように**再決断**することを援助する心理療法である。

第２部　再決断療法とは何か

第2部では、再決断療法（Redecision Therapy）と、その基盤となっている二つのサイコ・セラピー、交流分析（Transactional Analysis）とゲシュタルト療法（Gestalt Therapy）について説明します。

Ⅰ　再決断療法が生まれるまで

再決断療法は、一九六〇年代に、アメリカの精神科医**ボブ・グールディング**と精神科の医療ソーシャルワーカー、**メリー・グールディング**の夫妻が、交流分析とゲシュタルト療法を統合して創始した心理療法です。

ボブ・グールディングは、当初は精神分析のトレーニングを受けていましたが、一九六二年に彼の教育分析医となったエリック・バーンから、バーンが創始した交流分析を薦められ、それに魅了されました。そして、バーンから交流分析のトレーニングを受けるようになり、それを用いた治療の専門家になりました。しかし、ボブ・グールディングは次第に、交流分析はこころの中で起きていること（精神力動）の認知的な理解や対人的な行動の変化には有効だが、感情の変化には有効でないと感じるようになりました。

そんなときにボブ・グールディングは、フリッツ（フレデリック）・パールズやジム・シムキンからパールズが創始したゲシュタルト療法を受け、自分の感情が変化することに強く感銘を受けました。そして彼は、自分のセラピーの中にゲシュタルト療法の技法を取り入れるようになり、交流分析を学んだクライエントにゲシュタルト療法の技法を用いることによって、人生と感情に大きな変化が現れることを確認しました。

しかし一方で、ゲシュタルト療法のみを受けたクライエントは、そのときには感情が変化していい気分になるものの、行動は変化していないためにまた治療に戻ってくることに気がつきました。そこで、グールディングは、ゲシュタルト療法による感情的な体験を、交流分析によって認知的に理解することによって、クライエントに治療的な変化が起きることを認識し、交流分析とゲシュタルト療法を統合した心理療法を生み出しました。こうして、**再決断療法**が生まれたのです。

その後、ボブ・グールディングは、妻のメリー・グールディングとともに、カリフォルニア州ワトソンビルのマドンナ山にWestern Institute for Group and Family Therapyを設立し、一九六九年頃から再決断療法のトレーニング・ワークショップを行なうようになりました（R. Goulding, 1985）。

それでは、再決断療法の基盤となった交流分析やゲシュタルト療法とは、どんな心理療法なのでしょうか？　再決断療法について説明する前に、まず、その基盤となっている交流分析とゲシュタルト療法について説明しましょう。

II　交流分析

交流分析（Transactional Analysis）は、一九五〇年代半ば、アメリカの精神科医**エリック・バーン**（Eric Berne 一九一〇–一九七〇）によって考案された心理療法で、その頭文字をとって**ＴＡ**とも呼ばれています。バーンは、もともとは精神分析医になるために、精神分析の創始者ジグムンド・フロイトの弟子で自我心理学派の精神分析医であったポール・フェダーンやエリック・エリクソンにトレーニングを受けていました。しかし、一九五六年に精神分析医になるための申請を却下されたことを機に、バーンは独自のアプローチを展開するようになりました。バーンの新しい発想が、その当時の古典的な精神分析学派に受け入れられなかったのだと言われています。そして、その翌年の一九五七年、バーンはアメリカ集団精神療法学会の西部大会で

「**Transactional Analysis：A New and Effective Method of Group Therapy**（**交流分析：集団療法の新しい効果的な技法**）」を発表し、交流分析を創始したのです。

交流分析の理論はとても幅広く、ここでそのすべてについてお伝えすることはできませんが、その中核的なアイデアであり、再決断療法を理解するうえで重要な**自我状態モデル**と**脚本**（**人生脚本**）の考え方を中心に、ご説明したいと思います。

1　自我状態モデル

バーンは、集団精神療法を実践する中で、それぞれのグループ・メンバーに特徴的な交流の仕方があることを発見し、フェダーンの考えにヒントを得て考案した**自我状態モデル**によって、パーソナリティと交流のパターンを分析しました。**自我状態**（**ego state**）とは、「ある瞬間の人の精神的、身体的経験の全体」（P. Federn, 1952）、つまりその時々にその人が経験していることのすべてを指します。バーンは自我状態を、「一貫した感情と経験の一定のパターンで、それに対応する一貫した行動のパターンと直接に関係している」と定義しています（E. Berne, 1966）。

たとえば、私は今、自宅のリビングにいます。目の前にはパソコンが見え、私はこの原稿をキーボードで打っています。耳にはつけっ放しになっているテレビから音楽が聞こえてきて、何か楽しい気持ちになっている自分に気がつきます。このような**「今・ここ」**（**Here and Now**）

での経験のすべてが私の現在の自我状態であり、バーンはこれを**〈成人〉の自我状態**と呼びました。ここでは簡単に、〈今の私〉と呼んでおきましょう。

自我状態という考え方を初めて用いたフェダーンは、人はある瞬間に、現在の自我状態を経験するだけではなく、その人の過去（子ども時代の早期の段階）の自我状態を再体験することに気がつきました。たとえば、自宅でこの原稿を書いている私は、次の瞬間、「原稿の締め切りに間に合わなかったらどうしよう」と思い、不安と焦りを感じるかもしれません。身体は緊張し、動悸が激しくなり、手には汗をかいています。実は、このような不安を私は日頃から感じやすく、子どもの頃から同じような体験をくり返していることに気づきます。このように、過去（子ども時代）の体験を再体験しているときの自我状態を、バーンは**〈子ども〉の自我状態**と呼びました。ここでは簡単に、〈昔の私〉と呼んでおきます。

バーンはさらに、人は過去（子ども時代）の自分自身の自我状態を再体験するだけではなく、過去（子ども時代）の親または親的な役割を果たした人を取り入れた自我状態を再体験することに気がつきました。たとえば、私が「原稿の締め切りに間に合わなかったらどうしよう」と思い、不安と焦りを感じ始める直前、私は自分の中で「そんなにゆっくりしていて、間に合わなかったらどうするんだ！」「急ぎなさい！」「ちゃんとしなさい！」という父親の声を聞いていたのです。もちろん、父親が今、そばにいるわけではありません。それは私が子どもの頃に、よく父親に言われたことでした。そして、今でも私の中にそのときの父親の姿が取り込まれて

バーンの自我状態モデル＝自我状態の構造分析（Structural Analysis of Ego-States）

〈3 つの私〉

① 〈親〉の自我状態（Parent Ego-State）
過去に親や親的役割をした人を模倣した行動、思考、感情

② 〈成人〉の自我状態（Adult Ego-State）
「今・ここ」での直接の反応としての行動、思考、感情

③ 〈子ども〉の自我状態（Child Ego-State）
子ども時代の反復としての行動、思考、感情

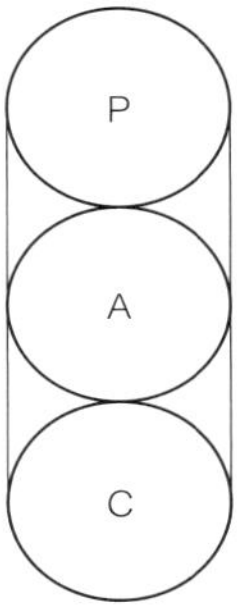

＊ 3 つの円を囲うように引かれている線は人の皮膚を表すが、通常は省略される

図 1　エリック・バーンの自我状態モデル（Berne, E., 1961）

いて、私に注意していたのです。バーンは、このように取り込まれた親のイメージを再体験している状態を**〈親〉の自我状態**と呼びました。ここではそれを簡単に、〈昔の親〉と呼んでおきましょう。

実は、私たちの中にはこのように〈今の私〉、〈昔の私〉、〈昔の親〉の三つの部分があり、**「今・ここ」**（今の私）にいるように見えながら、自分でも気づかないうちに、瞬時に過去の親の言動を思い出したり（昔の親）、過去の自分の経験（昔の私）をくり返したりしているのです。

そして、バーンは、この三つの部分をそれぞれ、**〈成人〉の自我状態**（Adult Ego-State）、**〈子ども〉の自我状態**（Child Ego-State）、**〈親〉の自我状態**（Parent Ego-State）と呼び（E. Berne, 1961）、頭文字をとって**〈A〉**、**〈C〉**、**〈P〉**と表し、図1のようなモデルを作りました。これを、**自我状態モデル**と呼びます。

そして、バーンは、人はその瞬間瞬間、これらの三

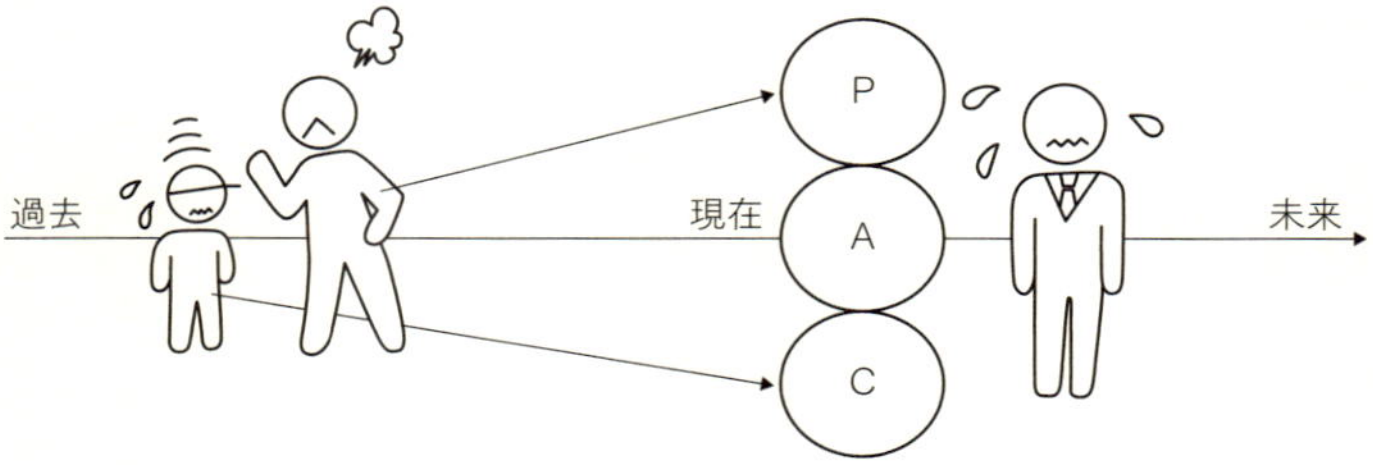

図2　人は過去の体験をくり返す

つの自我状態のいずれかで反応しており、それは瞬時に変化すると考えました。

たとえば、大学で講義を行なおうとしている私は、教室にいて、学生たちを見ています（〈成人〉の自我状態）。次の瞬間、私の中には、かつて親から「ちゃんとやりなさい」と言われた言葉がよみがえります（〈親〉の自我状態）。その結果、私は子ども時代のように、失敗するのではないかと不安になり緊張します（〈子ども〉の自我状態）。しかし、今の自分にできる精一杯のことをすればいいと思い直し、講義を始めます（〈成人〉の自我状態）、といった具合です（図2）。

そのうえで、バーンは、我々が健康で適応的な状態のときには、〈成人〉の自我状態が「今・ここ」の外界や内的体験からの情報とともに、今の自分に適切な情報を過去の〈親〉の自我状態および〈子ども〉の自我状態から選択し、それらを吟味したうえで適切な反応（認知、感情、行動）をしていると考えました（図3a）。

一方、不適応状態や精神的な病理の状態にあるときには、過

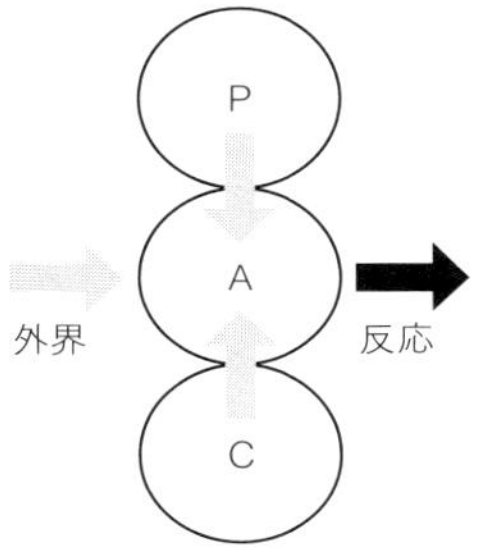

図3a　適応状態

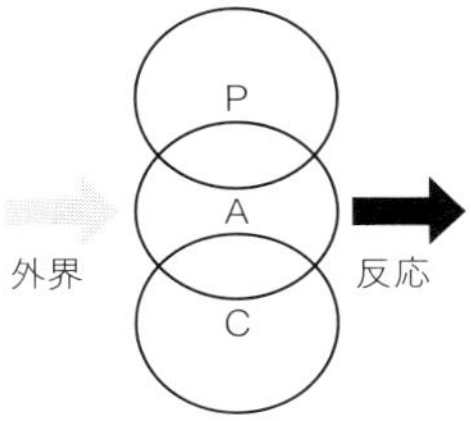

図3b　不適応状態

去の〈親〉の自我状態および〈子ども〉の自我状態からの情報が〈成人〉の自我状態を**「汚染」（contamination）**し、その結果、適切な現実吟味能力が働かず、現在の現実には適切ではない過去の反応パターンをくり返していると考えました（図3b）。また、対人関係の問題もまた、過去の対人関係パターンをくり返すことによって起きていると考えたのです。そして、このような汚染を解除することが、交流分析の目標となります。

◆自我状態の機能分析

それでは、このような自我状態は、実際にはどのように機能しているのでしょうか。バーンは、自我状態が実際の対人関係の中でどのように機能しているかを研究し、自我状態の機能を六つに分けました（E. Berne, 1961）。それによれば、〈親〉の自我状態は、その機能面で二つに分けられます。また、〈子ども〉の自我状態は、その機能面で三つに分けられます。一方、〈成人〉の自我状態は、それ以上

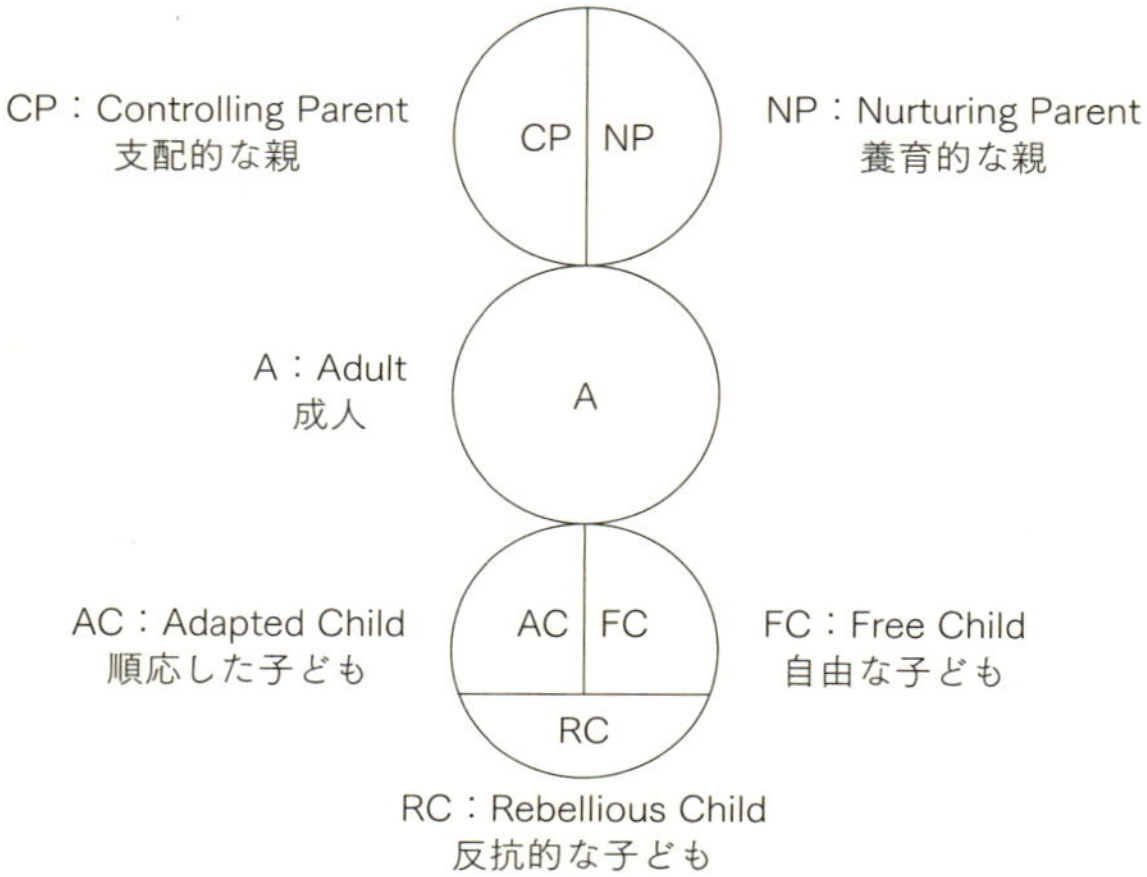

図４　自我状態の機能分析

に分けることはできません。そのようにして分けられた機能面からみた自我状態は、次の六つになります（図４）。

①支配的（または批判的）な親（CP：Controlling Parent、または Critical Parent）

〈親〉の自我状態のうち、両親が「〜しなさい」と命令したり、批判したりした姿を取り入れた部分です。自分や他者を守る必要があるときや、幸せを増すために必要な命令や批判をする面では肯定的に機能します。しかし、自分や他者を値引き（価値を軽視すること）して、過度に非難したり、傷つけたりするときには、否定的に機能します。価値観やときに偏見を含み、批判的、支配的、権威的、排他的、道徳的といった特徴を持ちます。「〜すべきだ」「〜するな」といった言葉づかいや、腕組みをしたり、相手を指さす、しかめ面をする、ふんぞり返るといった尊大で威圧的、命令口調な態度にも特徴が現れます。

②養育的な親（NP：Nurturing Parent）

〈親〉の自我状態のうち、両親が保護的に世話をしてくれた姿を取り入れた部分です。自分や他者が援助を必要としているときに保護を与える面では肯定的に機能しますが、それが不適切であったり、過度な場合には過保護な甘やかし、過干渉になり、否定的に機能します。保護的、養育的、受容的、支持的、優しい、思いやりがある、寛大、甘やかし、過保護、過干渉といった特徴があり、相手をほめたり、励ましたり、支えたり、可愛がったりするような言葉づかいや、柔らかな声で微笑んでいる、温かみがある、手を貸す、抱きしめるといった態度にも特徴が現れます。

③成人（A：Adult）

「今・ここ」での現実に対して、現在自分が持つ資源を動員して反応する機能すべてを示しています。動員する資源は、「今・ここ」の外界や内的体験からの情報だけでなく、〈親〉の自我状態や〈子ども〉の自我状態の中の情報も含みます。現実吟味力があり、合理的、理性的、論理的、情報収集的、分析的といった肯定的な特徴がある半面、杓子定規、堅苦しい、優しさに欠けるといった否定的な特徴も持っています。言葉づかいには、5W1Hを使った質問をしたり、「具体的には〜」「第一に〜、第二に〜」などと整理して話すなどの特徴があり、まっすぐな姿勢、対等な視線、しっかり相手を見る、張りのある声、単調な声、偏見を持たないといった態度にも特徴が現れます。

④自由な子ども（FC：Free Child）または自然な子ども（NC：Natural Child）

〈子ども〉の自我状態のうち、両親の規則や制約から自由で、自発的に感じ、考え、行動するときに用いた自我状態です。創造的なエネルギーの源として、建設的で人生を豊かにする点で肯定的に機能する一方で、わがままになり、守るべき規則を守らなかったり、場にふさわしくない適応的でない言動につながると、否定的に機能します。好奇心旺盛、規制を受けていない、衝動的、自発的、直感的、感情的、無邪気といった特徴をもち、「したい（したくない）」「やったー！」「大好き」といった子どもっぽい言葉づかいや、楽観的、開放的、表情豊か、のびのびしている、ユーモアに富む、リラックスしている、抑揚のある声、興奮を表すなどの態度にも特徴があります。

⑤順応した子ども（AC：Adapted Child）

〈子ども〉の自我状態のうち、両親の期待など、外界からの刺激に適応するときに用いた自我状態で、適応的な行動をとって自分を守るという点では肯定的に機能する一方、過剰適応となって不自由になったり、自分を抑え込みすぎる場合には否定的に機能します。従順で、礼儀正しい、聞き分けが良い、我慢強い、依存的、わざとらしいといった特徴を持ち、「わかりました」といった順応的な言葉づかいや、「してもいいですか」などと許可を求める傾向、「〜できない」と自分の能力を値引きした言動などに特徴があり、上目づかい、ため息をつく、おどおどしている、ひきつり笑い、頭を垂れる、ぼそぼそ話す、声が小さい、遠慮がち、くどくど説明する、涙声といった態度にも特徴が見られます。

⑥反抗的な子ども（RC：Rebellious Child）

〈子ども〉の自我状態のうち、両親の期待や要求などの外界からの刺激に反抗した自我状態で、適応過剰にならないように自己主張し、自分を守る点では肯定的に機能する一方、守るべき規則を守らなかったり、何にでも反抗的な姿勢や、場にふさわしくない適応的でない言動につながると、否定的に機能します。反抗的、八つ当たりをする、くってかかる、出し抜く、言い訳がましい、あまのじゃくといった特徴があり、「うるせぇ」「（指示されたことは）やりたくない」「そんなこと、できるわけない」「やろうとしたのに」「（言われるほど）やる気がなくなる」といった言葉づかいや、ふくれっ面、ふて腐れ、かみつくような態度、斜に構える、不平不満を言う、ああ言えばこう言う、抵抗を示す（あなたの言う通りにはならない）といった態度に、

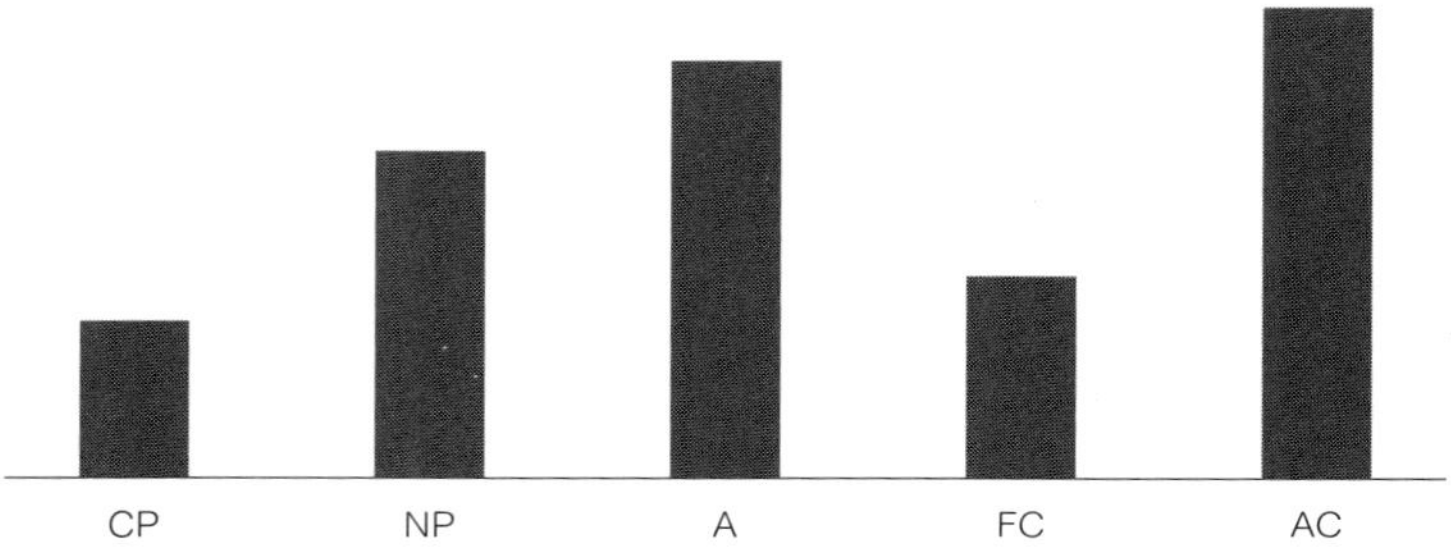

図5　エゴグラム

特徴が現れます。

なお、この反抗的な子どもの自我状態の機能は、両親からのメッセージに対して反応しているという点では順応した子ども（〈AC〉）と共通しているため、順応した子ども（〈AC〉）の一部と考える研究者も少なくありません。その場合、自我状態の機能は、五つに分類されることになります。

◆エゴグラム

私たちは、自分でも気がつかないうちに、六つ（または五つ）の自我状態の機能を、その瞬間瞬間で使い分けています。しかし、個々人によって、そしてその人が置かれている状況によって、使う機能にはしばしば偏りが見られます。そして、どの自我状態の機能がどれくらい優勢に機能しているかが、その人の個性や置かれている状況を示していると考えられます。ジョン・M・デュセイは、それを直感によって図示する**エゴグラム**（**egograms**）という方法を考案しました（J. Dusay, 1972）。エゴグラムを作成する方法は、次のとおりです。

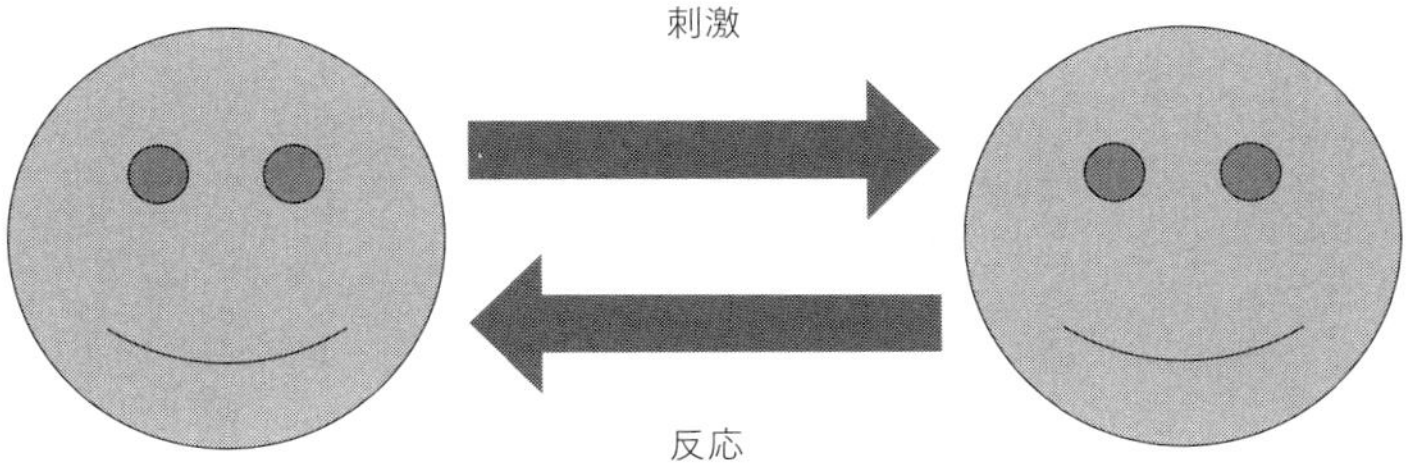

図6　交流のあり方

まず最初に、ＲＣを除く五つの自我状態の機能を横軸にとります（ＲＣはＡＣに含まれるものと考えます）。次に、自分が一番多く使うと思われる自我状態と、逆に一番少なく使うと思われる自我状態の棒グラフを書き入れます。最後に、それらを手掛かりにして、他の自我状態の相対的な量を直感的に書き入れた棒グラフを作って完成です（図５）。

デュセイは、自我状態のエネルギーの総和は一定であるという「エネルギーの恒常仮説」を唱えました。つまり、一つの自我状態のエネルギーが上がれば、相対的に他のエネルギーは減るということになります。交流分析では、五つ（六つ）の自我状態のすべてを、その場その場に応じてバランスよく働かせることができることが健康であると考えています。そこで、デュセイの考え方に基づけば、低い自我状態の機能やエネルギーを上げることによって、自我状態のバランスがとれることになります。

◆やりとり分析

バーンは、このような自我状態モデルを、対人関係における交流のあり方を説明するのに用いました。交流とは「刺激プラス反応」（図６）であり、「社交上の基本的な単位」です（E. Berne, 1961）。そして、交流には三つのタイプがあります。

①相補交流（平行交流）

交流のベクトルが平行で、一方が相手のある自我状態に向けて刺激を出した際に、相手もその自我状態から反応するものを言います。交流が相補交流である限り、コミュニケーションは延々と続く可能性がある（コミュニケーションの第一原則）と考えられており、スムーズに会話が成り立ち、情報を伝達したり、気持ちをわかりあうことが自然にできたりしている場合、相補交流の可能性が高いと思われます（図７①）。

②交叉（交差）交流

やりとりのベクトルが平行ではない場合、つまり一方が相手のある自我状態に向けて刺激を出した際に、相手がそれとは別の自我状態から反応した場合を言います。交叉交流が起きると、双方に一瞬緊張が走り、結果としてコミュニケーションは中断します。そして、それを再開させるには、一人または両者が相手に合わせて自我状態を移行させ、相補交流に変える必要があ

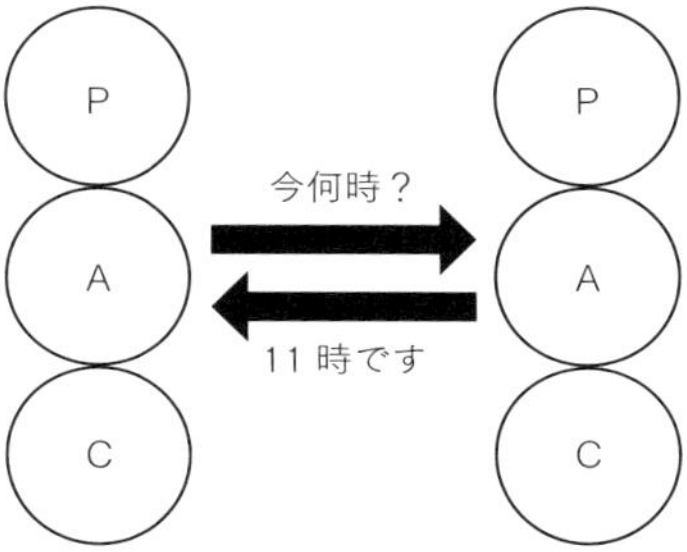

① 相補（平行）交流

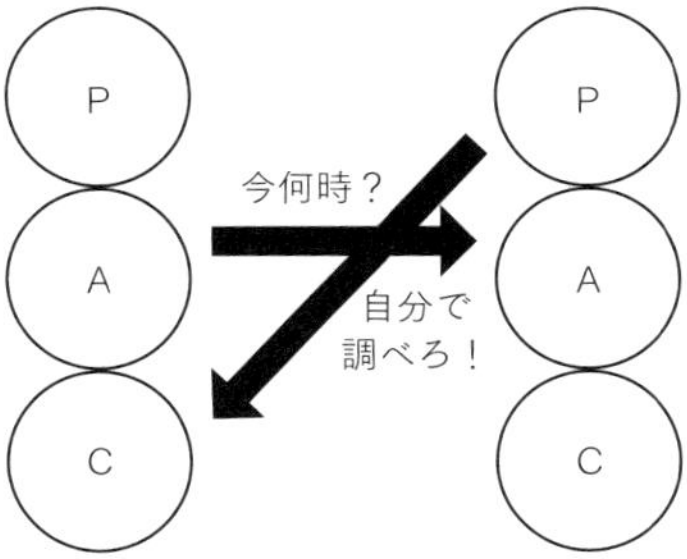

② 交叉（交差）交流

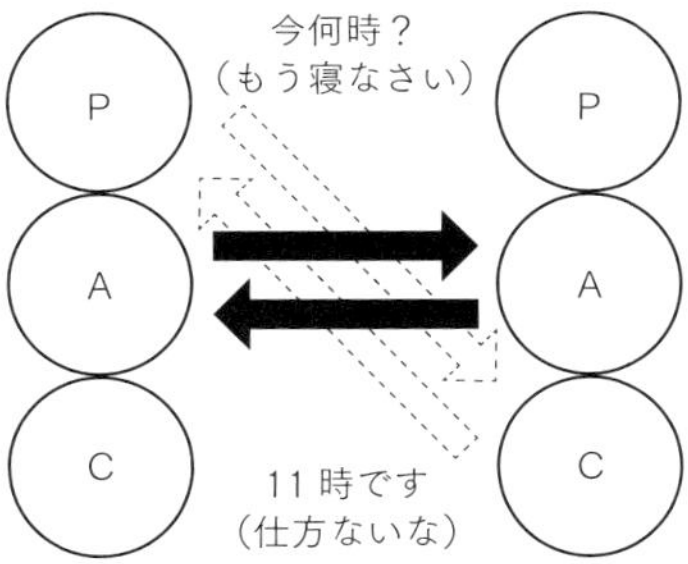

③ 裏面交流

図７ 交流の三つのタイプ

ります（コミュニケーションの第二原則）。会話が途切れてしまう場合、この交流になっている可能性があります（図7②）。

③裏面交流

二つのメッセージが同時に伝達され、そのうちの一つは明白なもの、または社交レベルのメッセージ（実線で示す）で、もう一つは隠れた、または心理的レベルのメッセージ（点線で示す）である場合を言います。この場合、やりとりは社交レベルの交流で進んでいきますが、実際にはその裏側にある心理的なレベルの「秘密のメッセージ」とそれへの反応が進行しています。そして、裏面交流の行動的結果は、社交のレベルではなく、心理的レベルで決定され（コミュニケーションの第三原則）、それは後述するゲームのような、嫌な感じのするやりとりに発展しやすい傾向があります（図7③）。

◆交流を心地よいものにするためには？

自分と相手との間の交流がどのタイプかに気づくと、次のようにすることで、交流を心地よいものにすることができます。

①相手とスムーズな交流をしたければ、相補交流を心掛ける。

②相手との会話を打ち切りたければ、交叉（交差）交流を意識すればよい。

③嫌な感じで終わる交流は、裏面交流またはゲームである可能性が大きいので、隠れたメッセージに気がつき、裏面交流を止めるか、自分の考えをしっかりと表現することが必要である。

このような視点は、心理療法におけるカウンセラー（セラピスト）とクライエントとの関係にも適用することができます。

◆オプションズ

スティーブ・カープマンは、人はやりとりをするとき、一つの自我状態からしか反応できないということはなく、それ以外の四つ（五つ）の機能的自我状態のどこからでも反応することができ、自分の好む方法で交流することができると主張し、その代替策を**オプションズ（Options：代替策）**と呼びました（S. Karpman, 1971）。つまり、私たちはいつでも、身についてしまっている不愉快で居心地の悪い「凍結状態」のやりとりから脱却する新しい方法を選ぶことができるのです。言い換えれば、私たちはいつでも、自分の五つ（六つ）の自我状態から交流を交叉することができるし、相手の五つ（六つ）の自我状態のどこに向けてもメッセージを出す（刺激する）ことができるのです。そして、それによって、現在起きていることを変え、自分のできる方法で自由になることができるのです。

◆ストローク

バーンは、私たちにはもともと、相互交流を求める傾向があることに気づき、それを**ストローク**（Stroke）という概念で説明しました（E. Berne, 1961）。ストロークとは、「存在認知（刺激）の一単位」すなわち「あなたがそこにいるのを、私は知っていますよ」というメッセージです。人間が生きるためには、ストロークが必要です。新生児や乳幼児が生きていくためには、まず、他者から触れられるという身体的欲求（刺激飢餓）が満たされることが必要であり、成長するにしたがって、それは認めてもらいたいという心理的欲求（認知飢餓）に変化していきます。つまり、最初は身体的接触が、そして成長するにしたがってそれとともに賞賛されることや認められるというストロークが必要なのです。そして、それらは、交流を通じて得ることができます。つまり、どんな交流も、ストロークの交換なのです。

ストロークは、肯定的なストロークと否定的なストローク、無条件のストロークと条件付きのストローク、言語的なストロークと非言語的なストロークなどに分類されます。交流分析では、「あなたがどうであれ、存在としてＯＫである」という無条件の肯定的ストロークを重要だと考えています。しかし、教育や学習のためには「百点をとれたらお祝いしてあげる」「違反をしたら罰金だよ」などの条件付きのストロークが必要であり、実際に私たちに与えられるストロークは、条件付きのストロークが多くなります。また、否定的なストロークであっても、ストロークがないよりはましという面があり、肯定的なストロークが得られないと、わざと叱られるようなことをして、否定的なストロークを得ようとするところもあります。再決断療法では、その過程の中で、クライエントが無条件の肯定的なストロークを得られるように、最大の配慮をしていきます。

2 脚本（人生脚本）

自我状態の説明で、私たちが過去の反応パターンをくり返していることをお話ししました。それではなぜ、私たちは過去の反応パターンをくり返すのでしょうか。バーンはその理由を、**「脚本（script）」**（または**「人生脚本（life script）」**）という概念で説明しました。「脚本」とは「無意識の人生計画」であり、まだ、親（大人）の助けなしには生きていけない存在である子ども（幼児）が、親との関わりの中で、環境に適応して生き延びるために「こう生きよう」と考えた計画とそれを実現するために身につけた感情、思考、行動のパターンです（E. Berne, 1966）。

そして、それは子ども時代を生き抜くためには最適なパターンでしたが、大人になった現在では必ずしも適応的とは言えず、ときにはむしろ不適応の原因となります。なぜなら、「脚本」は、子ども（幼児）時代の感情と未成熟な現実吟味能力によってなされる**「早期決断」**に基づいており、それはしばしば、大人になった現在の現実にはふさわしくない「魔法の解決法」であるためです（図8）。

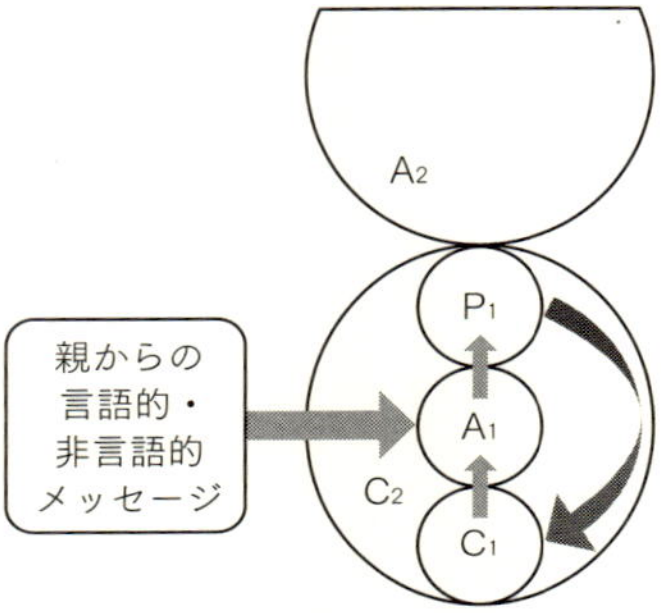

① 親からの言語的・非言語的メッセージは、未発達な A_1（小さな教授）の現実吟味に基づき、P_1 に取り入れられる。
例：食事を作っていた母親に近づいたら、あっちへ行ってなさいと言われたのを、「近づいたら見捨てるよ」というメッセージとして P_1 に入れる。

② そのため、P_1 はしばしば現実以上に親からのメッセージを誇張・歪曲した「魔法のメッセージ」となる。バーンは「電極」と呼び、「魔女的親」「人食い鬼」「豚のような親」という表現もなされている。しかし、逆に、ポジティブな空想に基づく「良い魔法使い」「やさしい妖精」などの場合もある。

③ P_1 は C_1 に大きな影響を与え、脅かされる（または元気になる）。そして、P_1 のメッセージに従わなければ見捨てられるという強い感情が起きる。

④ C_1 の感情に動かされて、A_1 は「私は見捨てられないために、誰にも近づかない」と早期決断をする。
→これに基づく「脚本」が形成される。

注）P_1、A_1、C_1 はそれぞれ、子ども（幼児）時代の自我状態を示す。それらは、現在の〈子ども〉の自我状態（C_2）の中に存在していると考えられている。

図８　脚本の形成プロセス

たとえば、子どもの頃、厳しい母親に育てられ、自分の意見を言うことは許されなかったとしましょう。そこで、母親の言うことに不満があったとしても、それを口にすれば、逆に母親から厳しく怒られて、傷ついてしまうかもしれません。それを避けるために、その子どもは「自分は思ったことを言わず、我慢していよう」と「早期決断」したとします。そして、不満があってもつねにニコニコして、言われるとおりに行動するという「脚本」を無意識に作り上げ、それに従って行動するようになりました。その結果、母親から怒られることはなく、傷つくこともありませんでした。しかし、大人になった今でも、その脚本に従って生きていたらどうでしょう。嫌な仕事やできない仕事を頼まれても、いつもニコニコして仕事を引き受けていたとしたら……。いつか、ストレスがたまって、仕事に行けなくなってしまうかもしれません。

また、逆に子どもの頃、過保護な母親に育てられ、何でも親にやってもらって育ったとします。すると、その子は、「自分は何もしないほうがいいんだ。これからも、何もしないようにしよう」と「早期決断」するかもしれません。その結果、母親は一生懸命にその子の世話をし、そのことで満足し、子どもも幸せでした。しかし、その子が結婚して、新しい家庭を持ったとしたらどうでしょう。それでも「脚本」に従い、何もしないでいたら、その夫婦はうまくいかないかもしれません。

バーンは、現在のさまざまな問題は、過去に形成した「脚本」が現在の状態には適切ではないにもかかわらず、それに従って行動してしまうことによって生じると考え、現在の〈成人〉

の自我状態で使える能力をすべて使って、「脚本」から脱却することが治療になることを主張しました。そして、「脚本」から自由になり、「自律性（気づき、自発性、親密さ）」を回復することが交流分析の目標であることを強調したのです。

◆脚本はどのように作られるのか

それでは、脚本はどのように作られるのでしょうか。

脚本は、子ども時代に両親または親的役割をした人物から与えられるさまざまなメッセージとそれに対する子どもの反応によって作られます。クロード・スタイナーやウーラムズとブラウンは、両親（または親的役割をした人物）のさまざまなメッセージが脚本にどのように影響しているかを示すために、自我状態モデルを用いて、脚本の形成過程や中身を理解する図式（script matrix）を考案しました（C. Steiner, 1966；Woollams & Brown, 1978）。ここでは、ウーラムズとブラウンの脚本図式を用いて、脚本の形成過程を説明します。

親から子どもに与えられるメッセージには、禁止令、拮抗禁止令、プログラムの三つがあります。

（1）禁止令

グールディング夫妻は、親の〈子ども〉の自我状態から与えられ、子どもの〈子ども〉の自

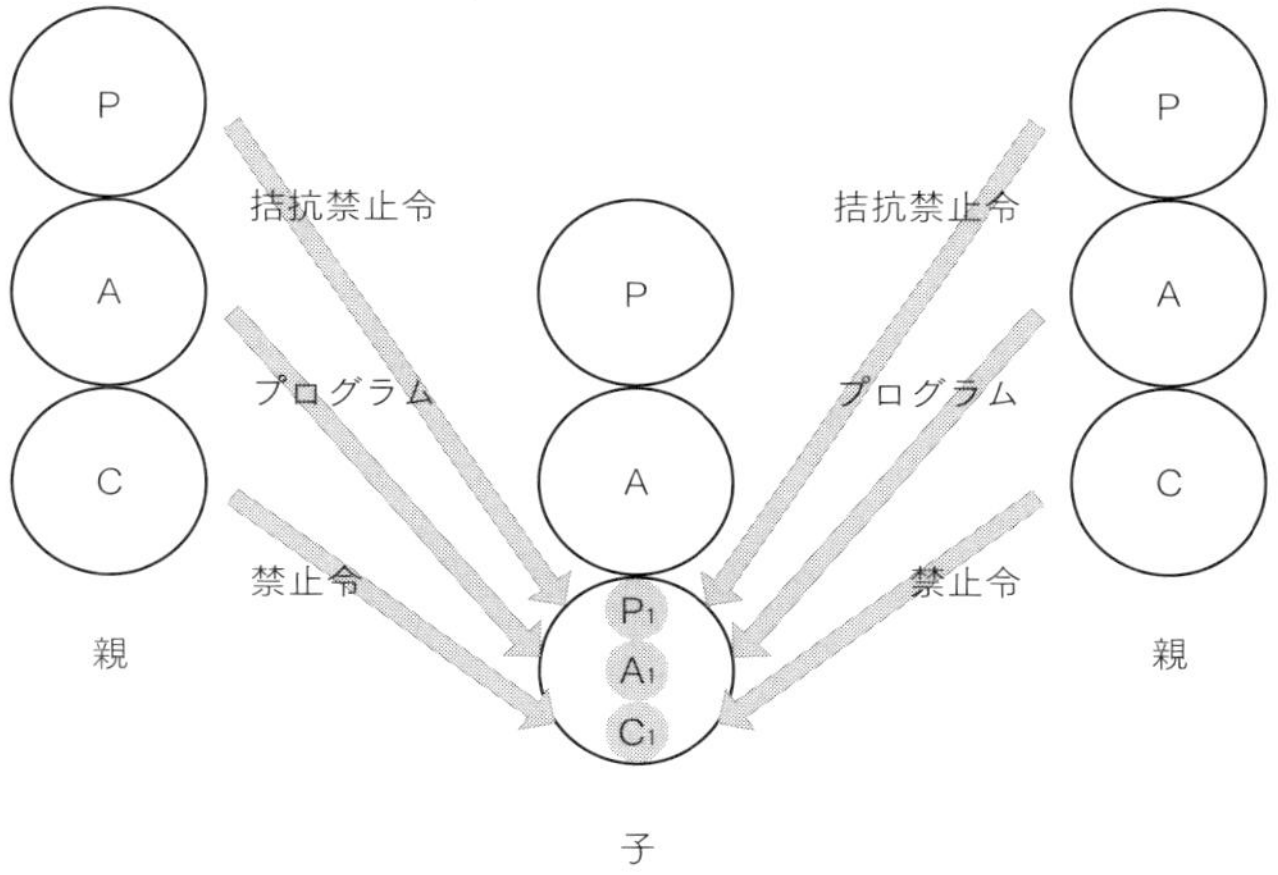

図９　ウーラムズとブラウンの脚本図式

我状態に貯蔵された否定的なメッセージを**「禁止令」(injunctions)**と名づけ、以下のような一二の禁止令を示しました(Goulding & Goulding, 1976)。禁止令は「～するな」という禁止の命令、または「～であるな」という属性の否定のメッセージであり、人生早期(〇歳～八歳)に親から与えられたメッセージを、まだ言語能力が発達していない子どもが非言語的に解釈したもので、脚本に大きな影響を与えると考えられています(図9)。

①存在するな(Don't be または Don't exist)

自分は生きる価値がない、いないほうが良いと感じるような、何らかのメッセージです。「お前さえいなければ……」という言動や、望まない出産、虐待、育児放棄などの行動によって与えられます。禁止令の中でもっとも致命的なもので、それに従う早期決断をした場合にはうつ病になったり、自殺をしたりする可能性もあります。

この禁止令に対する再決断は「私は生きる価値がある」で、セラピーは通常、「自殺をしない」という契約を結ぶことから始まります。

②お前（の性、属性）であるな（Don't be You）

この禁止令の一つのタイプは、男であるな、女であるなという性別に関わるものです。これは、「男（女）の子だったらよかったのに……」という言動や態度、男（女）なのに女（男）の子の服を着せられる、男（女）の子らしい遊びを禁じられるなどの行動によって与えられます。もう一つのタイプは、容貌や身長、気質などの属性に関わるものです。「もう少し背が高ければ……」「気が強いところがなければねぇ……」など、性別や属性を否定する言動や態度によって与えられます。

これらの禁止令に対する再決断は、「ありのままの自分を受け入れる」です。

③子どもであるな（楽しむな、遊ぶな）（Don't be a child）

長男、長女が受け取りやすいメッセージです。「お兄ちゃんなんだから、しっかりして」「妹や弟の面倒を見てえらいねぇ」といった言動や、いつも妹や弟の面倒を見させられるなどの行動によって与えられます。また、親が病気がちだったり、依存的であったりしたために、小さい頃から親の世話をしなければいけなかったような場合にも受け取る可能性があります。この禁止令を受け取った人は、大人になってからもいつも周りの面倒をみて、自分は楽しまない傾向があります。また、対人援助職に就いている人には、この禁止令を受けている人が少なくないと思われます。

この禁止令に対する再決断は、「他人の面倒をみる代わりに、自分自身が楽しむ」です。

④成長するな（Don't be grown up）

この禁止令は、「子どもであるな」とは逆に、末っ子や一人っ子が受け取りやすいメッセージです。親が子離れできず、いつまでも過保護で子ども扱いする場合や、親が兄や姉と比較して「ダメだ」という扱いをする場合などに与えられます。また、兄や姉が弟（妹）の成長に脅威を感じ、「お前はダメだ」という扱いをするときにも、受け取る可能性があります。この禁止令を受け入れると、いつも「自分はダメだ」という劣等感を感じたり、子どもっぽく振る舞って周りに面倒を見てもらうことで適応しようとしたりする傾向があります。また、性的な成長を禁じるような言動も、この禁止令に関係しています。

この禁止令に対する再決断は、「年齢にふさわしい行動をする」というものです。

⑤成功するな（Don' t make it）

子どもの成功に嫉妬して成功を喜べない親や、親自身が完全主義者で、子どもがテストで百点をとっても「まだまだ」と言ってもっと努力させようとする親が与えるメッセージです。この禁止令を受け取ると、成功を喜べず、成功しそうになると不安になって失敗してしまうことがあります。

この禁止令に対する再決断は、「自分の成功は自分のもので、親とは無関係に自分は自分の成功を喜ぶ」です。

⑥するな（何もするな）（Don't）

心配性や過保護な親が、少しでも危険なことは子どもにさせず、先回りして親自身がやってしまうような場合に与えられるメッセージです。この禁止令に従うと、行動が控えめとなり、自分で何かをすると良くないことが起きるのではないかという不安から、臆病になる可能性もあります。

この禁止令に対する再決断は、「自分で行動する」というものです。すでに自分自身がしている行動を確認することも、役に立ちます。

⑦重要であるな（求めるな）（Don't be important）

自分の欲求や主張を表現すると親に怒られたり、無視されたりすることによって受け取るメッセージです。「お前は黙っていなさい」「子どもは口を出すな」「はしたない」などの言動や、自分の言いたいことに耳を傾けてもらえない、無視されるなどの行動によって与えられます。この禁止令に従うと、自己主張をせず、引っ込み思案になる可能性があります。また、親が喜ぶようなことをしない限り、自分はダメだと信じ込んだりすることもあります。

この禁止令に対する再決断は、「親の求めとは関係なく、無条件に自分は重要な存在である」ということを認めることです。

⑧属するな（Don't belong）

家族の話し合いに入れてもらえない、友だちグループから外されるなど、家族や集団から排除されるような場合に受け取るメッセージです。自分だけ周りと感じ方や意見が違っている場合や、親から「お前はあの子たちとは違うんだから」と特別扱いをされる場合、国籍や宗教など何らかの文化的な違いがある場合や、引っ越しや転校をくり返した場合などにも受け取る可能性があります。

この禁止令に対する再決断は、「自分の望むところに、自分は属していて良い」と認めることです。

⑨近づくな（親しくなるな）（Don't be close）

親が何らかの理由で子どもに触れたり、子どもが近づくことを避けたりすることによって与えられるメッセージです。親が「（危ないから）あっちへ行っていなさい」というような場合に、子どもが誤解して受け取る場合もあります。また、親の死別や離婚、頻繁な転居や転校なども、「親しくなると別れるのがつらくなるから、親しくなるのはやめよう」という決断をさせる可能性があります。その他、夫婦や家族、社会の中で裏切りを体験してきた親たちが、人に近づくこと、信用することは危険であると子どもに教え込む場合にも、子どもはこの禁止令を受け取る可能性があります。

この禁止令に対する再決断は、「近づいて良い」「親しくなって良い」ということを自分に許すことです。

⑩健康であるな（正気であるな）（Don't be well（sane））

健康なときには無視されているが、病気になったり、おかしなことを言ったりすると親に関心を向けてもらえるときに、受け取るメッセージです。すぐにうつ的になったり、いつもどこかしら具合が悪かったり、病気やけがをしたりするような人に見られます。また、親自身が精神疾患を持っていて、変わった言動をしたりするのに対して、子どもが変だなとは思いつつ、親に合わせているような場合にも、この禁止令を受け取る可能性があります。

この禁止令に対する再決断は、「自分は健康（正気）であって良い」ということを認め、「親が精神疾患を持っているからといって、自分がそうである必要はない」「自分は親とは違い、自分らしく健康に生きる」などと決めることです。

⑪考えるな（「ある特定のことについて考えるな」を含む）（Don't think）

自分の考えを言っても馬鹿にされたり、無視をされたりすることによって受け取るメッセージです。親と異なる意見を言うことを禁止された場合や、親が考えたくないこと、その家庭でタブー視されているものについて考えることを禁じられた場合にも、受け取る可能性があります。この禁止令に従うと、自分の意見を言わず、「わかりません」と答えたり、周りに従ったりする場合が多くなります。

この禁止令に対する再決断は、自分に「考えてよい」「自分の意見を言ってよい」という許可を与えることです。自分が考えていないわけではないという事実を確認することも役に立ちます。

⑫感じるな（Don't feel）

感情を表現することが許されない家庭で育ったり、「男は泣くものじゃない」など特定の感情が禁止されたりすることによって受け取るメッセージです。親自身が感情を表現することが苦手で表現しなかったり、子どもが感情を表現すると親がヒステリックになったりすることによっても受け取る可能性があります。この禁止令に従うと、自分の感情を感じなくなったり、感じていても表現せずに止めてしまうようになります。

この禁止令に対する再決断は、「感じるように感じてよい」ということを自分に許すこと、そして「それを表現するかどうかは自分で決める」というものです。

以上、一二の禁止令についてご紹介しました。これらの禁止令に対して「〜してよい」「〜であってよい」というメッセージを**許可**（**permission**）と言います。許可は、親の〈子ども〉の自我状態から与えられ、子どもの〈子ども〉の自我状態に貯蔵された肯定的なメッセージを、子どもが非言語的に受け取ったものです。多くの場合、我々は禁止令だけでなく、多くの許可も親から受け取っています。

また、これらの禁止令は、必ずしも一つだけ受け取るというものではなく、むしろ複数の禁止令を受け取っている場合が多いのが実際です。そして、一つの禁止令がより苛酷な他の禁止令を隠している場合もあります。たとえば、「感じるな」という禁止令が「存在するな」という禁止令を隠し、「感じなければ、存在してよい」という条件付きの許可になっている場合があります。このような場合、「感じてよい」ということになると、その底にある「存在するな」という禁止令に従うことになるため、容易に「感じてよい」とは思えないこととなります。

「存在するな」という禁止令に対して「存在してよい」という再決断ができたときに初めて、「感じてよい」という再決断も可能となります。そのため、再決断療法において、セラピストはつねに、禁止令が別の禁止令を隠していないかに注意を払う必要があります。

なお、これらの禁止令は、早期決断、そして脚本に大きな影響を与えます。しかし、早期決断といっても、決断するのは子ども自身であり、同じ禁止令を受けてもそれに従わないという決断をする子どももいます。このことは、人はいつでも禁止令に従わず、脚本から脱却するための再決断をすることができるということでもあります。

（2）拮抗禁止令

三歳から一二歳くらいまでの間に、私たちは親から「礼儀正しくしなさい」「時間は守りなさい」「一生懸命に勉強しなさい」など、「〜しなさい」「〜でありなさい」という内容のたくさんのメッセージ（言語的）を受け取ります。このようなメッセージは、社会で生きていくためには何をすべきで、何をすべきではないかについての命令と、人間とそれをとりまく世界に対する定義から成り立っていて、親の〈親〉の自我状態から与えられ、子どもの〈親〉の自我状態に貯蔵されます。そして、禁止令との関係でいえば、これらのメッセージは「〜であれば、禁止令に従わなくて良い」という条件付きの許可（条件付きのOKness）になっており、そのために**拮抗禁止令（counterinjunctions）**と呼ばれています。

拮抗禁止令は、私たちの社会適応のためにはポジティブなメッセージであり、親もそのつもりで与えています。しかし、それが過度になると、私たちを圧迫し、駆りたてるようになります。特に、拮抗禁止令は、それに従うことで禁止令を隠しているため、従わなければ禁止令に従うことになってしまい、それを避けるために拮抗禁止令に執着する場合、拮抗禁止令はネガティブな脚本の一部となってしまいます。

たとえば、「一生懸命に勉強しなさい」という拮抗禁止令は、それ自体は生きていくために大切でポジティブなメッセージですが、「一生懸命に勉強しなければ、生存するな」というメッセージになると、もし一生懸命に勉強しなければ生きていけなくなってしまうため、それを避けようとして必死で勉強しなければならなくなります。その結果、遊ぶこともできず、寝る間も惜しんで勉強するようになり、ついには身体をこわして病気になってしまうかもしれません。こうなると、このメッセージは、ネガティブな脚本の一部になってしまうのです。

◆ドライバーズ

テイビー・ケイラーは、拮抗禁止令の中で、特別な役割を果たす五つの命令を発見し、**ドライバーズ（drivers）**と名づけました（T. Kahler, 1977）。ドライバーズとは、「駆りたてるもの」という意味で、子どもが強迫的に従わなければならないと感じるメッセージであり、短時間に観察できる脚本化された行動の一つと考えられています。脚本化された行動とは、具体的に表出された脚本に基づく反応のことで、ドライバーズの他に、後述する値引きやラケット、ゲームなどがあります。再決断療法のセラピストは、このような具体的に表出された行動から、クライエントの脚本をアセスメント（査定）していきます。

それでは、五つのドライバーズについて、詳しく説明しましょう。

①完全であれ（Be Perfect）

このドライバーを受け取っている人は、何ごとも完璧にこなそうとします。きちんとした姿勢、服装で、口元はやや緊張し、声の調子も整っています。話をするときには、数字を使いながら「第一には……、第二には……」と整理しながら話すかもしれません。言い落としがないように、注釈つきの言い方をし、「ちゃんと」「きちんと」「完全に」などが口癖です。一方で、完全でないことを恐れて、「たぶん」「できれば」など、完全でないことの言い訳になるような言葉も使いがちです。周りからは、きちんとした仕事をするので信頼されますが、過度に完璧にしようとするあまり、厳格で、堅苦しく、とっつきにくい面もあります。

②他人を喜ばせよ（Please Others）

このドライバーを受け取っている人は、いつも周りに気を遣い、相手を喜ばせようとします。

前かがみの姿勢で相手のほうに乗り出し、上目づかいに相手を見て、緊張を伴う笑みを浮かべています。声の調子は高く、特に語尾が高くなって、「でしょ?」「いい?」「……とか?」といった表現を使います。愛想がよいので相手からは喜ばれますが、八方美人的で、信用されない面もあります。また、周りに気を遣いすぎて、疲れてしまう面もあります。

③一生懸命努力せよ（Try Hard）

このドライバーを受け取っている人は、何ごとにおいても努力を惜しみません。前かがみの姿勢で眉間にしわを寄せ、手を握りしめていることもあります。喉に力が入った絞り出すような声で、「努力します」「しようとします」というのが口癖で、「難しい」「できない」「～するのは大変だ」などの言葉をよく使います。努力するため、向上心に優れていますが、仕事中毒になって身体をこわしたり、うつ的になってしまうこともあります。

④強くあれ（Be Strong）

このドライバーを受け取っている人は、自分の弱みを見せず、いつも強さをしめそうとします。姿勢は閉じられていて、腕を組んだり、足を組んだりしています。顔は表情がなく、声の調子は平坦で、弱さを見せないように、「～させられる」「～が私に～させた」など、自分の感情や行動は自分の責任ではない、自分以外のものやことによって起こされるのだという感じの言葉を使う傾向があります。頼りにされやすい反面、弱みを見せられないため、ストレスをためやすく、精神的には脆い一面もあります。

⑤急げ（Hurry Up）

このドライバーを受け取っている人は、いつも時間を気にして、せわしなくしています。イライラしたせかされた印象で、視線の向きがしばしば、かつ敏速に変化し、指で机などをコツコツ叩いたり、つま先でトントンしたり、椅子に座って貧乏ゆすりをしたり、何度も何度も時計を見るという特徴があります。声の調子は、リズムのついたマシンガンのようで、急ぐあまりに言葉が突っかかってしまうこともあります。「急げ」「早く」「さっさと始めなさい」「さあやろう」「……の時間がない」などの言葉をよく使います。仕事が早い反面、落ち着きがなく、ミスをすることもあります。

このようなドライバーズに対し、「～しなくて良い」「～でなくて良い」というメッセージを**許可するもの（allowers）**と言い、以下のように、それぞれのドライバーに対応する肯定的なメッセージとなっています。

①完全でなくて良い
②他人を喜ばせなくて良い

③一所懸命努力しなくて良い
④強くなくて良い
⑤急がなくて良い

そのため、許可するもののメッセージは、ドライバーズの解毒剤と言われたりもしますが、ドライバーズが禁止令を隠している場合には、単に許可するもののメッセージが与えられるだけでは禁止令のメッセージを直面することになってしまうため、解決に結びつかない場合もあります。

たとえば、「完全であれ」というドライバーが「存在するな」という禁止令を隠している場合、完全でないと存在してはいけないことになってしまうので、「完全でなくて良い」というメッセージは簡単には受け入れられない場合があります。このようなときには禁止令も同時に解決する必要があります。

（3）プログラム

親の〈成人〉の自我状態から与えられ、子どもの〈成人〉の自我状態に貯蔵された「何をどうやって行うか」についてのメッセージを**プログラム**と言い、親のモデリングを含んでいます。

たとえば、数字の数え方や料理の仕方などをはじめとして、人間関係の持ち方や仕事の仕方など、私たちは多くのプログラムを親から受け取っています。これは、多くの場合はポジティブに働きますが、たとえば働き過ぎの親をモデリングして、自分も働き過ぎになるなど、親の中の汚染された〈成人〉、あるいは親の脚本化された行動をモデリングしてしまうことによって、ネガティブに働いてしまう場合もあります。

以上のように、私たちは子ども時代から、親や親的な役割を果たした大人たちから、さまざまなメッセージを受け取ってきています。そして、まだ周囲の保護なしには生きていけない小さい子どもは、生き延びていくためには、それらのメッセージに適応していかなければなりません。そのために、私たちはこれらのメッセージへの反応として、「こう生きよう」という早期決断をするのです。そして、その早期決断に基づいた人生計画とそれを実現するために身につけた感情、思考、行動のパターンを脚本と呼ぶのです。

◆なぜ、我々は脚本に従うのだろうか？

脚本は、幼児期の「魔法の解決法」であり、現在の問題解決には不適切であるとお話ししました。それではなぜ、私たちは脚本に従い、そのように不適切な解決法をくり返すのでしょうか。それは、その解決法が、長年私たちを守ってきたからです。脚本は、それが作られた幼児期においては、置かれた環境で生き延びていくために、確かに最善の解決法だったのです。そして、その後も長年、私たちはその脚本に従うことによって、生き延びてきたのです。それを今になって、現在の現実には不適切だから放棄しろと言われても、そう簡単にはいかないのです。なぜなら、私たちには、それを放棄すると災難にあうという不安があるからです。そのため、私たちは脚本、すなわち古い解決法にしがみつき、それを確認し、補強することで安心を得ようとするのです。しかし、その結果、その古い「魔法の解決法」は現在の問題解決には役に立たず、私たちは悪循環をくり返すのです。

◆脚本に気づき、そこから脱却する

それでは、どうすれば良いのでしょうか？　もし、あなたが悪循環から抜け出したいのであれば、脚本から脱却することです。そのためには、まず、**自分の脚本に気づく**ことが大切です。脚本に気づくことによって、私たちは、「今・ここ」で自分が利用できる資源をフルに使い、現実の問題解決にふさわしい決断（再決断）を行うことができるのです。その際には、「今・ここ」の外界や内的体験からの情報とともに、過去の体験に基づく反応〈C〉や過去に親等から取り入れた反応〈P〉からも自由に情報を集めたうえで、「今・ここ」での現実にふさわしい適切な感情、思考、行動を、〈A〉が選択して実行するのです。バーンはこれを、**自律性（autonomy）**と呼びました。

そして、自律性は、①気づき、②自発性、③親密さの能力の三つから成ります（E. Berne, 1966）。

気づきとは、「今・ここ」での刺激を、過去の体験に由来する先入見や恐れによって歪めることなく、新鮮な感覚を通して直接的に知覚することです。

また、自発性とは、感じること、考えること、行動することにおいて、可能な限りの選択肢(options)から選択することのできる能力のことをいい、具体的には、三つの自我状態のどこからでも自由に反応できること、脚本から自由であることを指します。

そして、親密さの能力とは、自分と他人との間で、互いに心を開いて、感じていることや欲していることをともにすることを言います。

このような自律性の獲得こそ、交流分析の目標なのです。そして、それを援助するのが、再決断療法です。

たとえば、子ども時代に自己主張をすると、父親から生意気だと言われて殴られ、「考えるな」「重要であるな」という禁止令を受け取った男性は、自己主張はしないという早期決断をし、それに基づく脚本を作りあげました。そして、それに従い、いつも自分の意見は言わないで、周りに従ってきました。しかし、社会人になって二〇年がたち、会社の管理職になったとき、それではすまなくなりました。仕事の中で自分の意見を言わないことで、仕事がうまくいかなくなり、会社での信頼を失ってしまったのです。

再決断療法を受ける中で、この男性は父親と対決し、自分に「自己主張をして良い」という許可を与えることができました。そして、勇気をもって自分の考えを言うようになると、それが会社の中でも認められることが多くなったのです。

このような再決断療法のプロセスについては、また後ほど説明します。

3　脚本化された反応

脚本から脱却するには、まず脚本に気づくことが大切だとお話ししました。それでは、脚本に気づくには、どうしたらよいのでしょうか?

◆脚本に気づくには?

脚本に気づくためには、**脚本化された反応**を見つけることです。脚本化された反応とは、脚本に基づいてなされる具体的な行動のことをいいます。脚本化された反応には、「値引き」、「ゲーム」、「ラケット」などがあります。ここでは、そのいくつかについて、説明しましょう。

(1) 値引き

今、あなたは映画を見て、映画館から出てきたところだとしましょう。あなたは期待していた映画がそれほど面白くなくて、少しがっかりしています。そこで、一緒に見ていた友だちに、「今の映画、どう思った?」と聞きます。すると、友だちは「すばらしかったね。特にあの女優さんの演技は良かったなぁ」と言います。それを聞いて、あなたはびっくりします。「えっ？　女優の演技？」あなたはそれを聞くまで、女優の演技にはまったく気がつきませんでしたし、その映画を良かったとは思えなかったのです。

それでは、なぜこのような違いが生じるのでしょうか？　実は、私たちは同じものを見ているようでも、見ている部分も違いますし、仮に同じ部分を見ていたとしてもそれについての意味づけや感想はみな異なるのです。これは、私たちがみな、世の中の現実を、自分のフィルターを通して、選択的に知覚しているために起きることです。このような、人それぞれに異なるフィルターのことを、ジャッキー・シフラは、**「準拠枠」（frame of reference）**と呼び、自分の準拠枠に従って自分や他者、世の中のことを見ることを、**再定義（redefining）**と呼びました（Schiff et al., 1975）。

そして、私たちの準拠枠は、私たちの脚本の影響を受けます。つまり、私たちはしばしば、自分の脚本に影響された準拠枠を通して、「今・ここ」での現実を無視して、自分、他者、世の中を再定義するのです。その結果、私たちは現実を、自分の脚本に合うように歪めて知覚します。

たとえば、試験を受ける際に、「どうせお前は失敗する」という脚本の影響を受けて、現実以上に難しく感じてしまったり、「人を見たら泥棒と思え」という脚本の影響を受けて、新しくできた友だちを必要以上に警戒してしまったりするなどが、その例です。このような再定義をしている際、私たちは現実に直面しようとしないため、コミュニケーションは噛み合わなく

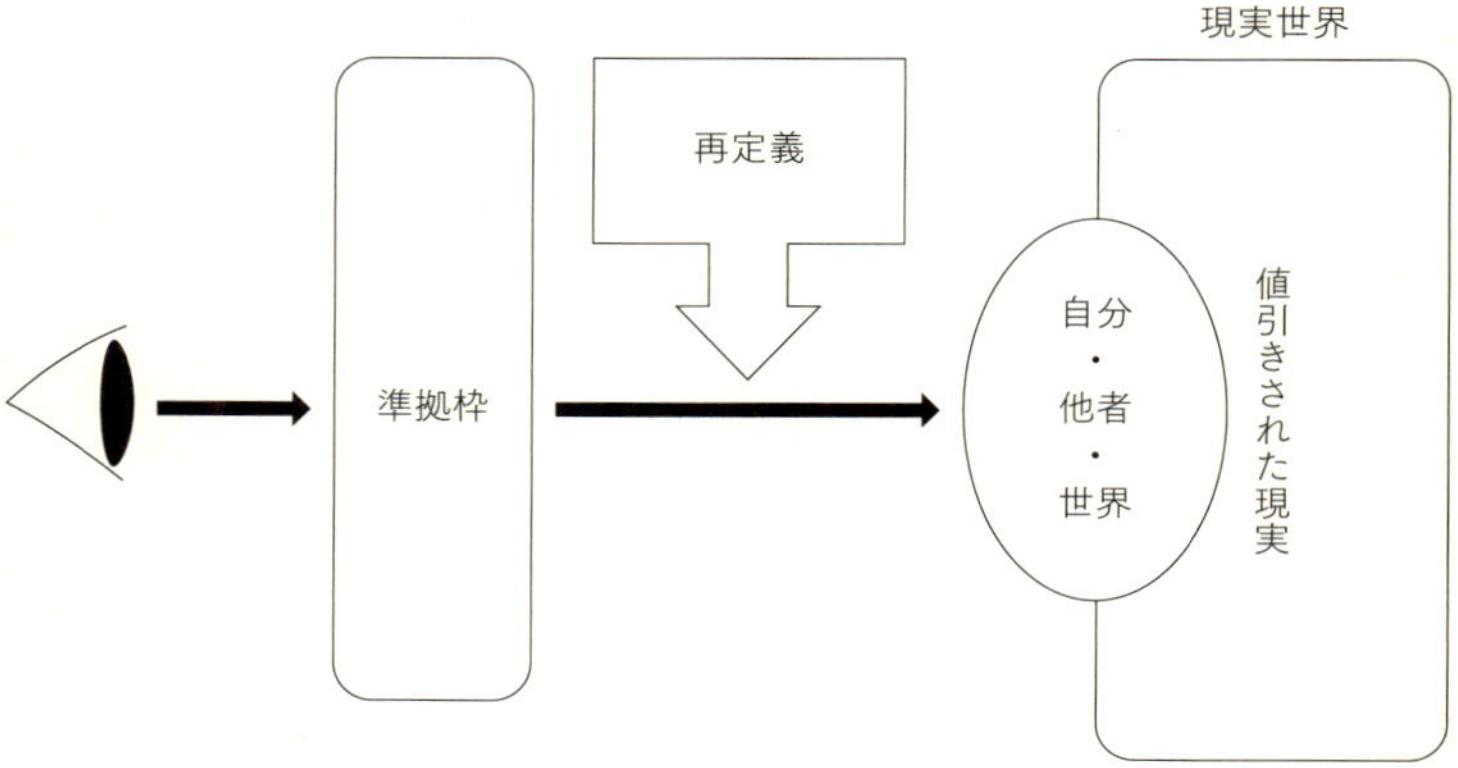

図10　値引きの構造

なりがちです。

わたしたちは、日々、無数の情報に接しながら生活しています。そして、自分では意識していなくても、その情報を頼りにして、状況を判断し、有効な問題解決行動をとっているのです。実は、私たちが有効な問題解決をできずに不適応や何らかの問題が生じているとき、私たちは自分では気がつかないうちに、問題解決に役立つ有効な情報を軽視したり、無視したりしているのです。ジャッキー・シフは、このことを**値引き**（**discounting**）と呼び、それは、脚本に影響された準拠枠を通して、「今・ここ」での現実を軽視、または無視して自分や他者、世の中を再定義するために起きると考えました（図10）。

値引きに気づく方法はいくつかあります。

一つ目は、言語的なサインです。たとえば、「……できない」という言葉を使うとき、自分の能力と責任を値引きしている可能性があります。このようなとき、再決断療法では、「……しない」と言い換えてみてもらうように促したりします。同じように、「……してみようと思います」という言葉に対しては、「……する」と、「彼が私を怒らせる」という言葉に対しては、「私が彼に対して怒っている」と言い換えてもらったりします。また、主語を省いたり、過度に一般化した話し方をしたりした場合にも、値引きの可能性があります。

二つ目は、非言語的なサインです。たとえば、つらい話をしながら笑っているなどの言動の不一致が見られる場合、値引きの可能性があります（交流分析ではこれを「絞首台の笑い」(gallows transaction) と呼びます）。あなたに話をしながら、あなたのほうを見ていないような場合にも、あなたの存在を値引きしているかもしれません。

三つ目は、「四つの受動的行動 (passive behavior)」と呼ばれるもので、「なにもしないこと」「過剰適応」「いらいら」「無能または暴力」の四つを指します。これらはみな、自分が問題解決のために別の行動をすることができる能力を値引きしています。

これら以外にも、ドライバーズに基づく行動は、自分が親に期待された行動をしなかったとしてもＯＫな存在であることを値引きしています。また、この後にお伝えするゲームやラケット行動も、値引きを含んだ行動であると考えられます。

（2）ゲーム

嫌な気分で終わる人間関係が気づかずにくり返されているとき、交流分析では**（心理的）ゲーム（game）**をしていると言います。バーンはゲームについて、さまざまな定義をしていますが、ここではそれらについて詳細に説明する代わりに、グールディング夫妻の、ゲームとは「少なくとも一人のプレーヤーが嫌な感じを抱いたり、または何かの意味で傷つけられて終わる一連の交流」であるという定義（Goulding & Goulding, 1979）を採用することにしましょう。

たとえば、相手のことを思ってアドバイスしているのに、相手が言うことを聞かずに嫌な思いをしているAさんのことを考えてみましょう。朝、Aさんが職場に行くと、同僚のBさんが元気がない様子です。Aさんは心配になって、声をかけました。

A：どうしたの？
B：朝から頭が痛いの。
A：病院に行ってみたら？
B：でも、それほどじゃないし……。
A：無理しないで帰ったら？
B：でも、仕事があるから……。
A：私が代わりにやってあげるよ。

B：それじゃあ、悪いから……。
A：頭痛薬あげようか？
B：薬は嫌いなの。もういいよ、放っておいて。
A：（どうしてよいかわからず、嫌な気持ちを感じる）
B：（Aさんを拒絶してしまい、結局助けを得られず、嫌な気持ちを感じる）

Aさんは、他の場面でも、しばしば誰かを助けてあげようとしては、それを受け入れてもらえずに、嫌な思いをしていました。実はAさんは、相手のことを思ってアドバイスをしては、相手の役に立てずに「自分はだめだ（役に立てない）」と無力感を感じるゲームを気づかないままくり返していたのです。

一方、Bさんも、誰かに助けを求めては、その助けを拒絶するというゲームをくり返していました。しかし、Bさんも結局助けを得られず、嫌な思いをしていたのです。そして、しばしばAさんのような人はBさんのような人に声をかけてしまい、二人とも人間関係の中で嫌な思いをくり返していたのです。

人間関係の中で嫌な思いをしているとき、私たちは自分でも気がつかないうちに、ゲームをしている可能性があります。そして、実は、このようなゲームは、私たちの脚本に基づく動機によって行われるのです。つまり、ゲームをしているとき、私たちは「今・ここ」にはおらず、過去の脚本に基づく行動パターンをくり返しているのです。

たとえば、Aさんは、病弱な親を助けることで、親から認められようという早期決断に基づいて生きてきました。そのため、困っている人を見れば、助けてあげたくなってしまうのです。もちろん、このような行為は、本当に困っている人には助けになる、適切な行動です。

しかし、Bさんのような人や、本当には困っていない人が相手だと、Aさんの行動はうまくいきません。つまり、相手を助けてあげようとするAさんの行動は、相手によってはいつも適切であるとは限らないのです。それにもかかわらず、Aさんが「助けてあげられなかったら、自分はダメだ」と思ってしまうのは、Aさんが「喜ばせよ」というドライバーに従って行動しており、それがうまくいかないと「生存するな」「重要であるな」といった禁止令を聞いてしまうからなのです。

つまり、Aさんは、脚本に基づいて行動しているのです。そしてその結果、その相手に対してはそのような助けは適切ではないという現実を認めることができず、不適切な行動をしてしまうのです。このようなゲームは「お役にたちたいだけなのに」(I'm only Trying to Help You) と名づけられています。

一方、Bさんは、子どもの頃に親から放っておかれることが多く、寂しい思いをしていました。そこで、心配をかけることで、相手の関心を引こうと早期決断したのです。これは、「健康であるな」という禁止令に基づく決断ということができるでしょう。

しかし、Bさんは同時に、助けを拒否することで、放っておかれた恨みをはらすことにも決めたのです。その結果、Bさんは、相手に心配をかけて関心を引いては、相手の助けを拒絶するというゲームをくり返すようになったのです。そして、その結果、Bさんは本当に求めている愛情を得ることはできず、嫌な思いをくり返しているのです。このようなゲームは「はい、でも」(Why Don't You, Yes, But) と名づけられています。

バーンはこれら以外にも、私たちが演じやすい多くのゲームを発見し、それらに名前をつけています (E. Berne, 1964)。

◇ゲームの方程式

バーンは、ゲームとは、次の方程式に一致するものであると述べています (E. Berne, 1972)。これを、**ゲームの方程式**と呼びます。

C(わな)+G(弱み)=R(反応)→S(切り替え)→X(混乱)→P(報酬=ラケット感情)

先ほどの例を使って、この方程式について説明しましょう。

①C:Con(わな)

ゲームは、一方のプレーヤーの**わな**によって始まります。Bさんが、元気のなさそうな様子をしているのが、この例の場合のわなです。

②G：Gimmick（弱み）

ゲームのもう一方のプレーヤーには、そのわなに乗ってしまいやすい**弱み**があります。この例の場合、困っている人を見ると助けてあげたいと思うAさんの動機が、弱みになります。

③R：Response（反応）

そして、弱みのあるプレーヤーは、わなにひっかかってしまい、反応してしまいます。この例では、AさんがBさんにいろいろなアドバイスを行っているところです。

④S：Switch（切り換え）

ある時点で、どちらか一方または両方のプレーヤーの役割（態度）が切り換わります。この例では、Bさんが「もういいよ、放っておいて」と言って、Aさんの助けを拒絶するところが、これに当たります。

⑤X：Cross up（混乱）

役割の切り替えによって、プレーヤーには混乱が生じます。この例で、Aさんは、助けてあげようとしたのに拒絶され、混乱しています。また、Bさんも、助けを求めていたのに拒絶してしまい、混乱しています。

⑥P：Pay off（報酬）

そして、最後にはどちらか一方または両方のプレーヤーが嫌な気持ち（後述するラケット感情）を感じて、ゲームが終わります。この例では、Aさんは無力感を感じて嫌な気持ちになり、B

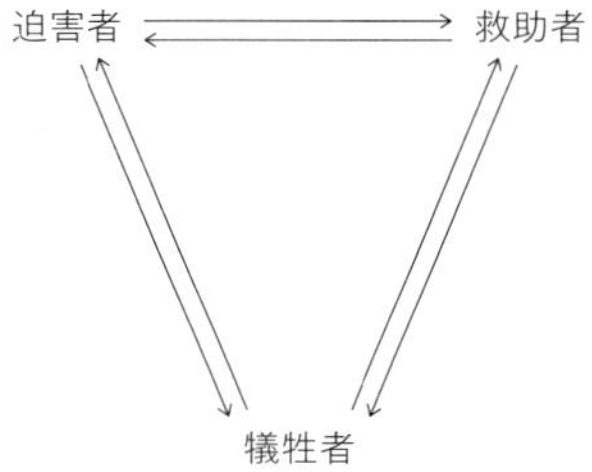

図 11　ドラマの三角図

さんも助けを得られなくて嫌な気持ちになって終わっています。

◇ドラマの三角図

スティーブ・カープマンは、ゲームのプレーヤーは、「迫害者」、「救助者」、「犠牲者」のいずれかの役割からゲームを始めるが、途中で役割の切り換えが起きることを発見し、ドラマの三角図（drama triangle）を考案しました（S. Karpman, 1968）。たとえば、先の例では、Aさんは、ゲーム開始時には救助者でしたが、役割の切り換えによって犠牲者になりました。また、Bさんは、ゲーム開始時には犠牲者でしたが、役割の切り換えによって迫害者になりました（図11）。

◆ゲームに気づいたら、どうすればよいのか

ゲームは、脚本の動機に基づいた行動であるとお話ししました。つまり、ゲームは、子ども時代に親や重要な大人から受け取ったさまざまなメッセージに対して、生き延びるために行った行動パターンのくり返しです。そして、そのような行動パタ

ーンは、子ども時代には生きるために必要な行動だったのです。しかし、大人になった現在では、問題解決の役に立たない、必要でない行動であるばかりか、自分や他者を傷つける行動なのです。

そこで、このようなゲームに対しては、次のような対応が必要です。

①ゲームに気づくこと

まず、嫌な気持ちで終わる人間関係を体験したら、〈成人〉の自我状態を用いて、自分がゲームをしていることに気づくことが大切です。

②ゲームを止め、今までと違う行動をしてみること

自分がゲームをしていることに気づいたら、すぐにそれを止めることです。そのためには、「今・ここ」で自分の能力を最大限に使って、今までと違う行動をしてみることが大切です。先の例に出てきたAさんは、自分がゲームをしていることに気づき、Bさんに「わかったわ。じゃあ、もし私に何かできることがあったら言ってね」と伝え、自分が無力感を感じるのを止めました。

もちろん、Bさんとはいつも同じパターンをくり返しているということであれば、Bさんに声をかけないという選択肢もあります。それを、悪いことと思わなくてよいのです。人間関係がうまくいかないとき、私たちは過去（子ども時代）に身につけた、嫌な気持ちで終わる行動パターンをくり返しています。そして、そのような場合、気づかないうちに、そのような気持ちにさせるような相手を選んでしまっていることが多いのです。その相手と関わるのを止め、自分が良い気持ちで付き合える相手を選ぶことが、自分にできるもっとも簡単な方法です。それを悪く思う必要は、まったくありません。

しかし、状況によっては、相手が家族や仕事の関係者などで、その人と付き合わざるを得ない場合もあります。そんなときには、「今・ここ」で自分がすることができる、今までと違った反応をしてみましょう。それだけで、何かが必ず変わります。たとえば、相手にイライラする代わりに、相手がなぜそんなことをしたのか考えてみる。相手にイライラする代わりに、優しくしてみる。相手のことを気にしない。自分を責める代わりに、相手に怒ってみる（心の中でもＯＫ）、などです。カープマンは、私たちはいつでも自分の望む形で交流することができることを主張し、それをオプションズ（代替策、Options）と呼びました（53ページ参照、S. Karpman, 1971）。

可能な代替策を実行してみても、なお解決しない場合は、とにかく自分自身を大切にしましょう。人間関係がうまくいかないとき、我々は自分のことを大切にできていない（＝自分を値引きしている）ことが多いものです。人間関係がうまくいかなくても、あなた自身を値引きする必要はありません。自分を責めたり、嫌な気持ちにとらわれたりしないで、自分を大切にして、自分が楽しいと思うことをしたり、自分を豊かにすることをしましょう。

人間関係がうまくいかないとき、私たちはつい、相手を変えようとしたり、相手に変わってほしいと思ったりしますが、「他人任せ」では問題は解決しません。交流分析では、「過去と他人は変えられないが、今と自分は変えることができる」と言います。つまり、自分を変えることで、問題を解決することができるのです。相手が悪いのに自分のほうを変えるなんて悔しいと思うかもしれませんが、そう思っている限り、過去のパターンから抜け出すことはできません。自分を変えることで、幸せになれるのであれば、そのほうがずっと良いのです。

ゲームへの対処法をまとめると、次のようになります。

①〈成人〉の自我状態を正常に機能させ、「わな」に気づく。
②自分と他人の能力と価値、主体性および問題解決の可能性を値引きしない。他人からの値引きを引き受けない。
③自分の自我状態を意識的に変化させ（オプションズ）、相手の期待するものとは違う自我状態から反応することによって、ゲームのもくろみを頓挫させる。
④本当の欲求を満たす他の手段を捜す。本当の感情と要求を率直に伝え、秘密のメッセージを伴わない率直な交流をする。（親密さ）

⑤肯定的ストロークを惜しみなく与え、かつ受け取る。さらに、求める。否定的ストロークを受け取らない、ため込まない。
⑥ゲームをしてしまったことに気がついたときには、嫌な気持ちを引きずらず、気づいた自分をほめる。

（3）ラケット

次のような場面を想像してみてください。明日、重要な会議があるのに、まだ準備ができていません。でも、あなたとしては、まだ時間はあるので、ぎりぎりなんとかなると思っています。ところが、そこに上司がやってきて、急に「明日までにこの案件（会議の準備とは別件）のレポートを作成して」と頼まれてしまいました。そのために、会議の準備は間に合いそうにありません。このような状況で、あなたは何を感じるでしょうか？

このようなストレス場面に置かれたとき、人によって感じる感情は異なっているでしょう。ある人は、余裕をもって会議の準備をしていなかった自分を責めるかもしれません。また、ある人は、忙しいときに別の仕事を頼んできた上司に怒りを感じるでしょう。あるいは、明日の会議で恥をかくことへの不安から、気が重くなってしまう人もいるかもしれません。

このように感じ方は人それぞれですが、このような場面に共通して自分が感じやすい感情があるかもしれません。つまり、あなたが今感じている感情は、今だけでなく、これまで広範囲のさまざまなストレス状況で経験してきたものかもしれないのです。このように、ストレス場面でくり返し感じられるなじみのある感情のことを、**ラケット感情（racket feeling）**といいます。Racketとは「詐欺などによる不正な金儲け」という意味であり、バーンはラケット感情に本物の感情を隠してだます傾向があることから、その言葉を使ったのです（E. Berne, 1966）。

そして、このようなラケット感情もまた、脚本化された反応の一つです。なぜなら、ラケット感情は、子ども時代に本物の感情を表現すると、無視されたり、拒否されたりした経験に基づいているからです。つまり、自分が育った環境の中で、ある感情について感じることが禁止され（「感じるな」の禁止令）、その代わりに別の感情を使うことが奨励されたのです。

たとえば、両親に対して、怒ることは許されず、代わりに愛想よくすることが奨励された場合、子どもは本物の感情である怒りを表現する代わりに、愛想よく振る舞うことを早期決断するかもしれません。そうすると、その後の人生の中でも、その人は怒っている場面でも、怒りを表現せず、ニコニコしているかもしれないのです。先ほどのようなストレス場面においてもニコニコしている人がいたら、それはラケット感情でしょう。つまり、ラケット感情は、子どもが家族の中で、必要なものやサービスを手に入れる手段として、本物の感情の代わりに使うことを学んだ（偽りの）感情なのです。

そして、私たちはストレスを感じるような状況におかれると、輪ゴムで引っ張られたように子ども時代のストレス状況に引っ張り戻されてしまい、ラケット感情を感じるのです。実は、それは、ラケット感情を感じ、表現することによって、子ども時代に両親から得たのと同じ支持を得るために、その環境を操作しようと試みる方法なのです。しかし、実際には、この時代遅れになった過去の戦略のくり返しは、「今・ここ」での問題解決には役に立たないのです。

つまり、ラケット感情には、次のような特徴があります。

①本物の感情を覆い隠す
②反復的である
③本人には、それがその場面で感じる唯一の感情だととらえられている
④問題解決に役立たない
⑤他者を操作する試みに使われる
⑥自分自身への非生産的な口実になる（実際に論文を書く代わりに、罪悪感（ラケット感情）を感じていることを言い訳にする等）

◆ラケット感情と本物の感情

ファニタ・イングリッシュは、ラケット感情と**本物の感情（authentic feelings）**を区別し、ラケット感情が子ども時代に禁止された他の感情の代用品（代理感情）であるのに対して、本物の感情とは自発的で、検閲を受けていない感情のことであり、①怒り、②悲しみ、③おびえ、恐れ、④喜びの四つ（子どもが感じることができる身体的な感覚を含む）であると述べています（F.

English, 1971)。そして、ラケット感情が「今・ここ」での問題解決には役に立たないのに対して、本物の感情を表現することは、「今・ここ」での問題解決の手段として適切であるとしています。また、ジョージ・トムソンは、次のように言っています（G. Thomson, 1983）。

①（本物の）恐れは、未来の危険を回避するのに役立つ
②（本物の）怒りは、現在の問題を解決するのに役立つ
③（本物の）悲しみは、過去の辛い出来事を乗り越えるのに役立つ

ただし、怒り、悲しみ、恐怖、喜びといった感情は、ラケット感情になる場合もあります。たとえば、悲しむ代わりに怒りを感じるなどがその例です。

◆ラケット感情とラケット

イアン・スチュアートとヴァン・ジョインズは、ラケット感情とラケットを区別し、ラケット感情は「いろいろなストレス状況で経験される、なじみ深い感情であり、子ども時代に学習され奨励されたもので、成人の問題解決の手段としては不適切なもの」であるのに対し、ラケットは「脚本化された行動の一組で、自分では意識しないまま環境を操作する手段として用いられ、その人のラケット感情の経験を伴うもの」であるとしています（Stewart & Joines, 1987）。つまり、ラケットとは、無理だと思っても断らないとか、いつも直前まで準備を開始しないなど、ある人が最後にはラケット感情を感じるように自分でお膳立てをし、その感情を感じる一つの

過程をいいます。

4　交流分析の哲学

以上、少し長くなりましたが、再決断療法の基盤となっている理論の一つである交流分析について説明をしてきました。交流分析には、次のような哲学（人間観）があります。そして、このような哲学が、再決断療法を支えているのです（128〜129ページ参照）。

①人は誰でもOKな存在である（I'm OK. You're OK.）
②人は誰もが考える力を持つ
③人は自分の運命を決め、そしてその決定は変えることができる（決断モデル）

また、交流分析は、**自律性**（autonomy）を獲得することをその目標としています。自律性とは、74ページでも述べたように、**①気づき**（「今・ここ」での刺激を、過去の体験に由来する先入見や恐れによって歪めることなく、新鮮な感覚を通して直接的に知覚すること）、**②自発性**（感じること、考えること、行動することにおいて、可能な限りの選択肢から選択することのできる能力で、三つの自我状態のどこからでも自由に反応できること、脚本から自由であることを示す）、**③親密さの能力**（自分と他人との間で、互いに心を開いて、感じていることや欲していることをともにすること）を指します。再決断療法が目指すのも、この自律性の獲得ということになります。

交流分析について、より詳しくお知りになりたい場合には、参考文献をお読みいただけると幸いです。

Ⅲ　ゲシュタルト療法

ゲシュタルト療法（Gestalt Therapy）は、一九五〇年代初め、精神科医である**フリッツ・パールズ**（Frederick, S. Perls、一八九三―一九七〇）らによって考案された、実践的な心理療法です。パールズもまた、バーンと同じように、当初はカレン・ホーナイやヘレーネ・ドイッチェらから精神分析のトレーニングを受け、一九三二年にはフロイト派精神分析医の資格を得ました。しかし、ゲシュタルト心理学者のクルト・ゴールドシュタインや妻ローラからゲシュタルト心理学を学び、また精神分析家であったウィルヘルム・ライヒの影響を受けながら、独自の理論を展開するようになります。そして、一九三六年に国際精神分析学会で自分の考えを発表しましたが、評価されず、フロイトにも冷たくあしらわれ、パールズはそれを機に、精神分析と訣別することを決意します。その後、一九四二年に“*Ego, Hanger, and Aggression*”を、一九五一年には“*Gestalt Therapy*”を出版し、アメリカを拠点としてゲシュタルト療法を展開するようになりました。

ゲシュタルト療法についてもまた、ここでそのすべてをお伝えすることはできませんが、その基本的な考え方についてご紹介したいと思います。

1　ゲシュタルト療法の背景にある哲学

最初に、ゲシュタルト療法の基盤となっている哲学についてお話ししましょう。それは、実存主義と現象学です。

（1）実存主義

実存主義は、二〇世紀にハイデガー、ヤスパース、サルトルらによって主張された哲学です。その主張は難解ですが、ゲシュタルト療法の人間観に影響を与えているのは、次のような点であると考えられます。

①実存は本質に先立つ

実存主義では、人間とは何か、人間とはどうあるべきかといった「本質」よりも、現実に存在しているということ、現実に生きている人間としての「あるがまま」の存在を重視します。たとえば、私が今、父親に対して腹を立てているとしましょう。そこで、いくら「親というのはありがたい存在だ」「親には感謝するものだ」と言われたとしても、それは私の体験には一致しません。私は今、父親に対して腹が立っているというのが、私の体験のすべてであり、それは決して否定されるものではありません。今、ここで、現実に体験している「あるがまま」の自分が、「親はありがたい存在」という本質に先立つのです。そのため、ゲシュタルト療法では、「今・ここ」での自分の現実に気づくこと、そしてそれを否定せずに認め、受け入れることを大切にします。

②主体的な選択者としての存在

私たちはみな、いずれは死んでいきます。この「いずれは死を迎える」という現実は、私たちの中に「死の恐怖」という実存的な恐怖をもたらします。つまり、私たちは、「死の恐怖」に直面しながら、生きることを選択している存在なのです。ここに、「生きることを主体的に選択している自分」すなわち「生きる主体としての自分」の存在を認めることができます。

私たちが自分で生きることや生き方を選択していることに気づき、それを認め、受け入れると、私たちは生きるエネルギーと責任性を体験することができます。つまり、私たちは気づくことさえできれば、選択することができるのです。そして、どのような選択をするかは、生きる主体者としての私たちの自由なのです。ゲシュタルト療法では、私たち自身が自分の人生の主体者であり、生き方を選択し、それに責任を持つことを重視しています。

（2）現象学

現象学は、一九世紀末にフッサールやハイデガーらによって主張されたもので、これもまた内容は難解ですが、あえて一言で言えば、現象を先入観や一つの見方にとらわれず、あるがままに見て、記述することを言います。たとえば、同じ映画を見ても、ある人は面白かったと言い、ある人はつまらなかったと言います。同じものを見ていても、人によって見方はさまざまに異なります。

しかし、それはみな、その人にとっては真実なのであり、どれ一つ否定されるものではありません。たとえば、同じものを見て、ある人には黒く見え、ある人には白く見えたとしても、それはどれも否定されるものではないのです。そのため、現象をとらえるときには、すべての判断や理論を脇において見る必要があります。ゲシュタルト療法では、セラピストは自分の見方や判断を脇に置き、クライエントに見えるもの、クライエントが感じることを、そのまま大切にします。

実存主義や現象学を背景に、ゲシュタルト療法では徹底した現実主義をとっているように思えます。その人にとっての現実は、肯定されるものでも、否定されるものでもありません。つまり、現実を判断するのではなく、そのまま認め、受け入れることを大切にするのです。自分の現実に気づき、「それが（今の）私（の現実）です」と認めることができれば、それをどう見るか、それでどうするかという判断は、その人自身の選択なのです。

◆我と汝

ゲシュタルト療法では、「我と汝」という関係性も大切にします。「我と汝」は、マルチン・ブーバーの実存的宗教哲学の根本概念で、私たちと他者との関わりには、「我―汝」という、対象化されない根源的、直接的、人格的関係であるものと、「我―それ」という、対象化され、分断、規定されたものとがあり、「我―汝」の原理に基づいた真の対話こそ、他者を「それ」として欲望の対象、手段とする独白に代わるべきものであるとする主張です。また、ブーバーは、「我と汝」の出会いは、いかなる既成の概念形態、計画、空想、予想も入り込む余地のない直接的なもの、一つの神秘であり、全人格的な相互形成の場を形づくる愛と生命との触れ合いであり、交流であるとしました。

この考え方は、もともとは神との関係を「我と汝」の関係としたものであり、非常に宗教的なものであると思われます。そのため、そのすべてを理解することはできませんが、私としてはこの考え方は、「現実の存在としてのあるがままの自分を否定せずに受け入れることができるとき、現実の存在としてのあるがままの相手を否定せずに受け入れることができる」ということを表しているように思います。これは、交流分析の「I'm OK. You're OK.」と同様の関係のように思われます（あくまで、著者の解釈です）。そして、ゲシュタルト療法では、このような関係を重視します。

◇ゲシュタルトの祈り

パールズのゲシュタルトの祈りは、このようなゲシュタルト療法の人間観をよく表しています。

私は私のことをする。
あなたはあなたのことをする。
私はあなたの期待にそうために、この世に生きているのではない。
あなたも私の期待にそうために、この世に生きているのではない。
あなたはあなた、私は私である。
もし、たまたま私たちが出会うことがあれば、それはすばらしい。
もし、出会うことがなくても、それは仕方がないことだ。

2　ゲシュタルト療法の原理

それでは次に、ゲシュタルト療法を支えている理論的な原理について説明します（F. Perls, 1973；百武 2009）。

（1）ゲシュタルト心理学

ゲシュタルト療法の名前のもとになっているゲシュタルト心理学は、一九世紀後半、ドイツとオーストリアで生まれた「人間が世界をどのように知覚するか」を研究する心理学です。その頃の心理学は、物理学などと同様に、人間の心を細分化し、実験的な手法で解析することで、こころのメカニズムを理解しようとする還元主義が主流でした。しかし、ゲシュタルト心理学は、このような考え方とは逆に、人間は世界を「意味ある一つのまとまった全体像」として認識すると考えます。

ゲシュタルトとは、もともとは「形態」を意味するドイツ語であり、特に個々の部分がまとまって構成する全体性を持った形態を意味しています。そして、全体は個の総和以上の意味を持つことを示しています。たとえば、私たちが象を見るときに、「これが目で、これが鼻で、これが耳で……」などというようには見ませんよね。「象」という全体のまとまりとして意味づけて、知覚すると思います。このように、人間は世界を「意味ある一つのまとまった全体像」として認識しているのです。

このことは、次の二つの点で重要です。第一は、人間には、意味のあるものを見ようとする性質があるということです。そのため、私たちは、そのときの自分にとって意味のあるものを見て、意味のないものは見ないという傾向があります。このことは、「図と地」という原理（気づきの選択の原理）につながっていきます。

第二は、人間には、全体としてのまとまり＝完結を求める性質があるということです。その結果、私たちには、何か欠けているところがあると、それを補充して完結させようとする性質があります。このことは、「未完結な問題」の原理につながっていきます。

（2）図と地

前述の通り、人間にはそのときの自分にとって意味のあるものを見て、意味のないものは見ないという性質があります。つまり、人間は現象を意味づけて認識し、その結果、世界を選択的に認識する（気づきの選択の原理）のです。そして、その際、選択されなかったものは背景に退き、認識されないのです。

たとえば、あなたが子どもの運動会を見に行ったとしましょう。そこには大勢の子どもたちがいたとしても、あなたにはあなたの子どもが目に留まるでしょう。そしてその際、その他の大勢の子どもは、背景に退くのです。このように、そのときに自分にとって意味のあるものと

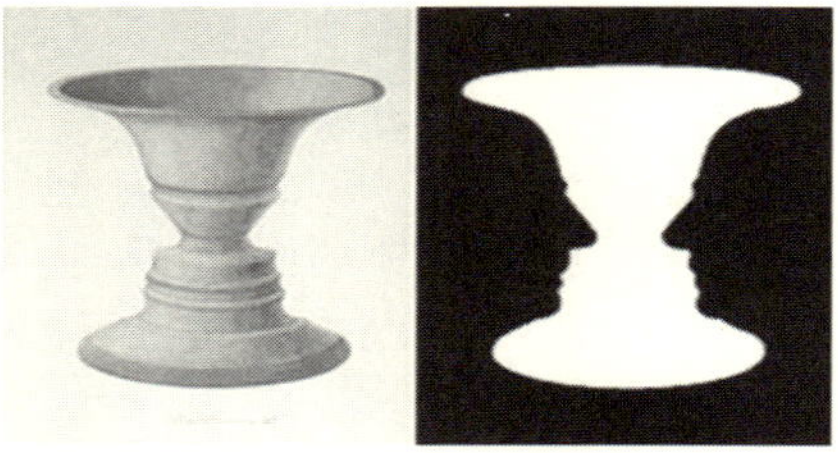

図12　ルビンの杯

して認識されるもの、選んだもの、焦点を当てているもの、欲求が向くものを**図**（**figure**）と呼び、それに対して背景に退いて認識されないものを**地**（**ground/fond**）と呼びます。

ゲシュタルト心理学では、この原理を「ルビンの杯」と呼ばれる有名な図版によって説明しています。この図版（図12）を見てください。中央の杯が図になって認識されているときには、左右の男性の顔が向き合っている部分は地になっていて、気がつきません。二人の男性の顔に気がついて、それが図になると、それまで認識していた杯は地になって、認識されなくなります。

パールズは、この原理を精神現象に応用しました。つまり、私たちが認識しているのは、そのとき図に上っている精神現象だけであり、それ以外の精神現象は地に退いて、認識されていないのです。しかし、実際には、地に退いている精神現象、すなわち私たちが気づいていない心の動きが、私たちに大きな影響を与えているのです。そこで、ゲシュタルト療法では、この地に退いている心の動きに気づくことで、それを図に上らせることを重視します。地に退いていた心の動きに気づいて、それが図に上ると、後述する気づきのサイクルが機能して、私たちは完結へと向かうのです。

（3）心身一元論

ゲシュタルト療法では、人間の心と身体を一元的にとらえます。これは、パールズが教育分析を受けた精神分析家、ウィルヘルム・ライヒの影響と言われています。ライヒは、「性格の鎧（character armor）」という概念を提唱しましたが、それは、人間の慢性的な筋肉の緊張が、どのように個人の歴史の中で形成されていくのかを示したものです。つまり、ライヒは、私たちは戦争や災害、虐待など、何らかのトラウマティックな体験をした場合、筋肉を緊張（硬直）させることで、自分の身を守ろうとする傾向があることに注目したのです。そして、ライヒは、身体に直接アプローチをすることで、トラウマティックな体験に基づいた精神的な問題を解決しようとしたのです。このようなライヒのアプローチは、人間の心と身体が一体であることを示しており、ゲシュタルト療法に大きな影響を与えました。

このような考えに基づき、ゲシュタルト療法では身体へのアプローチを重視しています。それは、私たちの地に退いている欲求などの心の動きは、意識されないために言葉で表現されることがなくても、私たちの身体にそれを示すサインが現れていると考えるためです。つまり、身体が表現しているのは、私たちの地にあって認識されていない欲求なのです。そのため、ゲシュタルト療法では、言語で表現されているもの（図）だけではなく、むしろ身体（からだ）の声を聴くことによって、身体が表しているもの（地）に注目し、「今・ここ」で感じていることへの気づきを促します。

たとえば、クライエントの手の動きに注目し、「その手が話すとしたら、何と言っていますか？」と尋ねたりして、クライエントが自分の身体と対話をすることで、「図」と「地」を統合することを促します。そして、クライエントは、自分の身体に現れている自分の欲求（地）に気づくことで、「図」と「地」の反転が起こり、自分の全体性に気づくのです。

（4）ホメオスタシス（恒常性）の原理

有機体としての生物（細胞）は、境界膜を持っています。この境界膜は、外界から不要なものが侵入してこないように、自分を守っています。しかし、生きていくためには、同時に、外界から必要なものを取り入れて、不必要なものを排出するオープンシステムである必要があります。そのために、境界膜は半透過性を持っています。このように、内部環境を一定の状態に保持しようとする、有機体としての生物が持つ自己調節機能を、**ホメオスタシス（homeostasis）**といいます。

パールズは、このようなホメオスタシスの機能が、精神的現象の中にもあると考えました。そして、身体感覚や感情は、そのサインであると考えたのです。たとえば、私たちの体内の水分が不足すると、それは喉の渇きという身体感覚になり、それに気づいて水を飲むことで、身

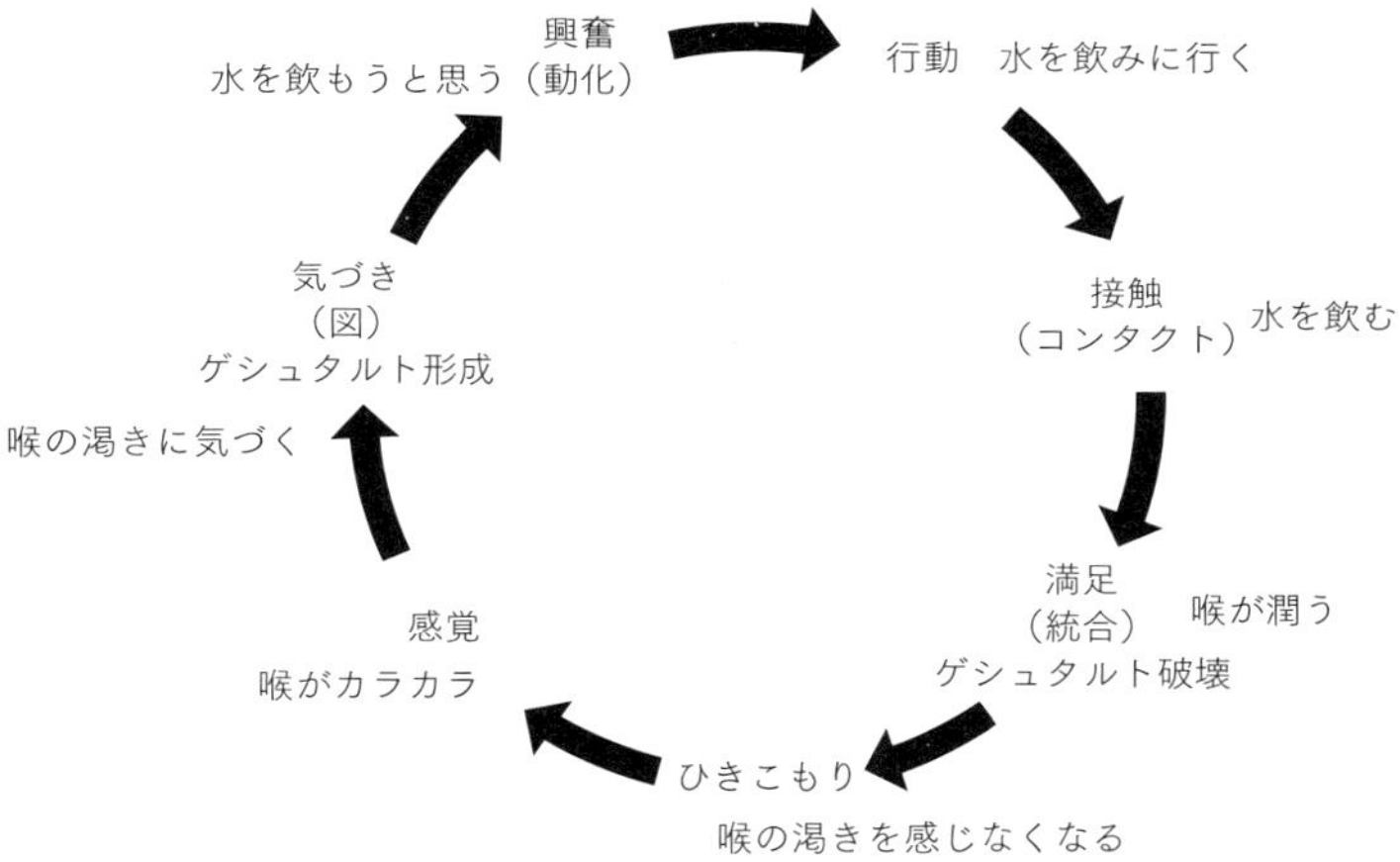

図13　気づきのサイクル

体はバランスを回復します。同様に、身体感覚や感情は、精神的に必要なものが不足しているサインであり、それに気づくことができればホメオスターシスの機能が働き、精神的なバランスが保たれると考えたのです。

(5) 気づき

このようなホメオスターシスの機能が働くためには、「今・ここ」での**気づき**（awareness）が重要になります。気づきとは、個人的、体験的なレベルに焦点を当てることであり、「今・ここ」の状況で体感していることに気づいていくプロセスです。それは、知識や洞察に基づくものではなく、「今・ここ」での身体感覚を伴う体験です。これによって、「地」に隠れていたものが「図」に現れ、**気づきのサイクル**（図13）が回り出し、欲求が完結（統合）に向かいます。

この図で、スタートは左下の**感覚**（**sensation**）です。たとえば、喉の渇きという感覚があったとしましょう。そして、それに気づくことによって、それまで地にあった喉の渇きは図に上り、ゲシュタルトを形成します（**気づき、awareness**）。すると、私たちには興奮が生じ、水を飲むという行動に移そうとします（**動化、mobilization**）。そして、実際に水を飲みに行くという**行動**（**action**）を起こしますが、それだけでは足りません。実際に水という外界の現実に触れ、水を飲む（**接触、contact**―水を飲むことを**同化、assimilation** と呼び、接触とは別のプロセスとすることもある）ことで初めて、満足が起き、**統合**（**integration**）されて、ゲシュタルトは完結し、喉の渇きは感じられなくなり、地に退きます（**ひきこもり、withdrawal**）。そして、このようなサイクルを回転させながら、私たちは生きているのです。

（6）場の理論とコンタクト

前述のようなホメオスターシス機能や気づきのサイクルは、私たちをとりまく環境との関わりの中で機能します。ゲシュタルト療法では、人間が環境の影響を受けながら、環境との相互関係の中で生きていることを重視します。このことをクルト・レヴィンは、**場の理論**（**field theory**）と呼びました。そして、ホメオスターシス機能や気づきのサイクルが働くためには、外界の現実との接触、すなわち**コンタクト**（**contact**）が必要となるのです。人間は他の動物と同じように、その時々の欲求を満たしながら生きているわけですが、「今・ここ」で、環境としての外界の現実にコンタクト（接触）していることによって初めて、欲求を満たす（完結する）ことができるのです。

◆気づきの三領域

気づきには**①内部領域の気づき**、**②外部領域の気づき**、**③中間領域の気づき**の三領域の気づきがあります。

①内部領域の気づき

内部領域の気づきとは、自分自身の身体感覚や感情に気づくことです。前述のように、喉の渇きや肩の痛み、息苦しさなどの身体感覚は、地になって認識していない自分自身の欲求のサインであり、それに気づくことによって欲求が図に上り、気づきのサイクルが回り始めるのです。うれしい、悲しい、苦しいなどの感情もまた、同様です。感情に気づくことで、私たちは自分の欲求に気づくことができるのです。

②外部領域の気づき

外部領域の気づきとは、外界の現実に五感（視覚、聴覚、臭覚、味覚、触覚）を使って気づくことです。前述のように、ゲシュタルト療法では、外界の現実とのコンタクトを重視していますが、それには外界の現実に気づいていることが前提となります。たとえば、私が喉の渇きに気がついても、水を見つけることができなければ、水を飲むことができません。また、外界の現実に気がついていることが、内部領域の気づきにもつながります。たとえば、私の目の前に車が飛び出してきたとしましょう。私が視覚や聴覚でそれに気づけば、私は恐怖を感じ、身をかわそうとするでしょう。しかし、私が車に気がつかなければ、私は恐怖を感じることもなく、車にひかれてしまうでしょう。

このように、私たちの内部領域の気づきと外部領域の気づきは相互に関係しており、必要に応じて関係のバウンダリー（境界）を開いたり、閉じたりしているのです。

③中間領域の気づき

中間領域の気づきとは、思考や想像、空想（ファンタジー）に気づくことです。人間は進化の過程で、他の動物に比べて脳の働きを発達させ、考えたり、想像したり、空想したりすることができるようになりました。このような脳の機能は人間にとって非常に重要であり、それによって私たちは、過去の体験から学んだことを現在や未来に活かしたり、実際に体験したことがないことでも予測したり、想像したりして行動できるのです。

しかし、私たちがこのような中間領域に気づきを向けているときには、私たちは**過去**の体験

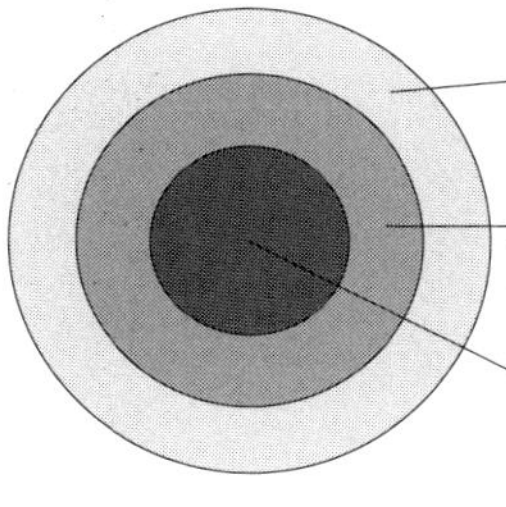

図 14　気づきの三領域

や**未来**の予測に身を置いており、**「今・ここ」**にはいなくなってしまいます。このことは、実際に何かを考えてみようとすれば、すぐに気づくことができますので、ぜひやってみてください。そして、パールズは、この思考や想像、空想の領域は、内部領域と外部領域の中間にあって（それで中間領域と呼ばれます）、しばしば双方の関係を邪魔していると考えました。たとえば、車が飛び出してきたことに気づいても（外部領域）、きっと止まるだろうと考えて（中間領域）、恐怖を感じず（内部領域）、ひかれてしまうかもしれません。また、喉の渇きに気がついても（内部領域）、大丈夫だろうと考えて（中間領域）水を飲みに行く（外部領域）ことをしなかったために、熱中症になってしまうかもしれません。

このように、中間領域に気づきを向けていると、あたかも考えごとをしながら歩いているような状態となり、「今・ここ」での気づきが機能せず、適応的な行動ができなくなる恐れがあるのです。そこで、ゲシュタルト療法では、「今・ここ」での外部領域や内部領域に気づきを向けるように促すことを大切にします。それによって、中間領域に気づきを向けている状態であっても、それが「今・ここ」での気づきを妨げないように促していくのです（図14）。

つまり、これらの三つの領域の気づきは、人間にとってすべて大切なのですが、一つの領域に留まってしまうと障害が起きる恐れがあるのです。ゲシュタルト療法では特に、中間領域の気づきに留まることによって、「今・ここ」での気づきが失われ、それによって気づきのサイクルが回転しなくなることの危険性を重要視しており、「今・ここ」での外部領域や内部領域に気づきを向けるように促すことを重要と考えているのです。

（7）「今・ここ」

前述のように、ゲシュタルト療法では、**「今・ここ」（Here and Now）**を大切にします。なぜなら、ホメオスターシス機能も気づきのサイクルも、「今・ここ」でしか機能しないからです。また、私たちが関わることができるのは、「今・ここ」にいるクライエントだけであり、過去や未来のクライエントには関わることができないのです。そのため、ゲシュタルト療法では、クライエントが今、ここで体験することを重視し、クライエントが中間領域にいるときには、「今・ここ」での気づきに戻るように促します。実存主義のところで述べたように、「実存は本質に先立つ」、つまり、「今・ここ」で体験していること以外に真実はないのです。

（8）未完結な問題

私たちは、生きるための欲求を充足し、完結することによって、次の段階に進むことができます。しかし、私たちは一方で、環境（現実）に適応するために、欲求を抑圧することがあります。たとえば、子どもの頃、何かを欲しがると親に怒られたとします。それで、親に怒られないようにするため、水が飲みたくても「水を飲みたい」とは言わず、我慢していたとしましょう。すると、欲求は完結せず、**未完結な問題**（**unfinished business**）となります。しかし、前述のとおり、私たちには欲求を完結させようとする基本的な傾向があるため、未完結な欲求（問題）は、完結するまでずっと心の中に残り、私たちの心や身体に影響を与えるのです。そして、ゲシュタルト療法では、このような未完結な欲求（問題）が、さまざまな葛藤や問題を生んでいると考えているのです。

（9）コンタクト・バウンダリの障害

前述のように、私たちは、私たちをとりまく環境との関わりの中で生きています。この環境と自己との境界を、**コンタクト・バウンダリ**（**接触境界、**contact boundary）と呼びます。そして、環境との関係がうまくいき、コンタクト・バウンダリ（接触境界）に障害がなければ、ホメオスターシス機能や気づきのサイクルが機能し、私たちは環境の中で自分の欲求を完結して、適応して生きていくことができます。しかし、コンタクト・バウンダリ（接触境界）に障害があり、環境に適応するために欲求を抑圧すると、欲求は未完結の問題となり、自己成長は妨げられ、不適応や精神的な病理の原因になります。

パールズは、私たちが環境に適応するために欲求を抑圧するメカニズムとして、次の五つを挙げています。

・鵜呑み（introjection）

親や社会の価値観を無批判に取り入れてしまうことで、それによって親から認められようとする方法です。しかし、自分の価値観でないために、欲求は未完結となり、葛藤が起きます。

・投影（projection）

自分が感じていることを、他人が感じていることにしてしまうことです。たとえば、自分が相手に対して怒っているのに、相手が自分に対して怒っていることにしてしまうのです。それによって、自分を正当化したり、責任を回避したりすることができます。しかし、自分の真の感情に気づくことができなくなり、欲求は未完結となります。

・反転行為（retroflection）

相手に対して感じている感情を、自分に向けることです。たとえば、相手に対して怒りを感じているのに、それを表現すると逆に攻撃される恐れから、自分に怒りを向けて、自己懲罰的になったり、自己卑下をしたりすることです。これもまた、自分の真の欲求を完結することはできず、未完結の問題を残します。

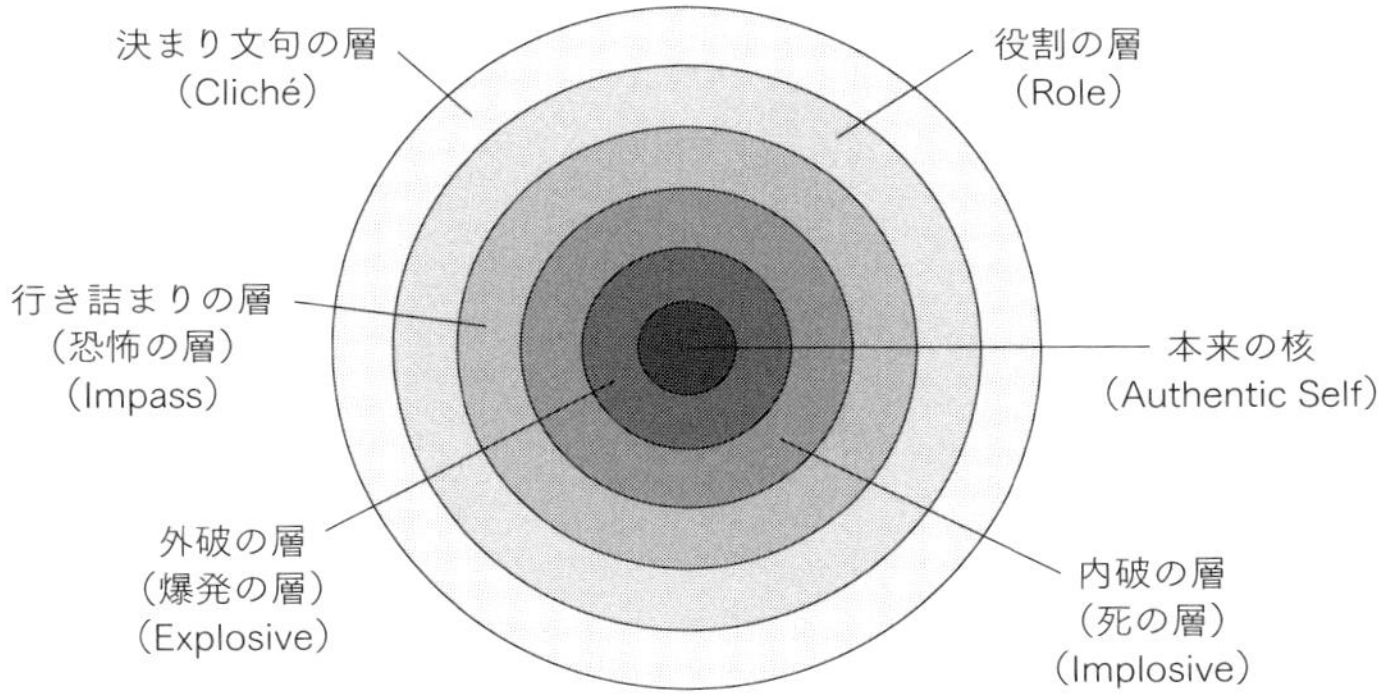

図15　5層1核

・無境界（confluence）

自己と他者の間に境界を持てず、融合してしまうことです。そのために、自分の感情なのか他人の感情なのかがわからなくなり、真の欲求については未完結になります。たとえば、母親と無境界になってしまい、母親が感じているように自分も感じてしまうような場合です。

・話題転換（deflection）

問題の核心に触れることを回避するために、話題をずらしてしまうことです。たとえば、「遅かったじゃない」と言われて、「最近はよく雨が降るね」と答えるような場合です。それによって、現実とのコンタクトを避けることになり、未完結な問題を生み出します。

（10）5層1核

実は、私たちは、図15のように、環境に適応するために、**真の自己**（**authentic self**）を何重にも覆い隠して生きています。しかし、そのために、自分のエネルギーも抑え込んでいるのです。パールズは、ゲシュタルト療法のワークをくり返すことによって、玉ねぎの皮を一枚一枚むいていくように、真の自己に近づいていくと、クライエントのエネルギーが出てくると考え、それをゲシュタルト療法の目標の一つと考えました（図15）。

・決まり文句の層

もっとも表層にあり、この層にいるときは、表面的な関係を維持することを目的としており、個人的な内容は表現しません。挨拶や習慣的な行動など、個人的な感情を伴わない安全な領域です。

・役割の層

この層にいるときは、先生、母親、セラピストなど、役割を通して関係しています。決まり文句の層よりは個人的ですが、やはり個人的な感情を伴わない安全な領域です。

・行き詰まり（インパス）の層

この層にいるときは、役割に頼らない生身の自分に出会い、またそのような自分をさらけ出すため、恐れ、空虚、当惑などを感じます。役割によって助けられることがないため、葛藤で身動きができなくなります。そのため、**恐怖の層**とも呼ばれます。

・内破の層

さらに深く自分に触れると、実存的恐怖（死の恐怖、絶望、孤独）に直面します。これは、誰にでも共通する人間にとって根源的な恐怖です。

・外破の層

しかし、内破の層のさらに奥に触れると、そこには人間が持つ本来のエネルギーがあり、それが爆発して、新しい行動をとることが可能になります。悲しみ、怒り、喜びなどを自由に表現できる、本来の自分の層です。

・本来の核

そして、もっとも奥の中心的部分には、**真の自己（authentic self）**が存在しています。これは、力強い生命力の核です。

ゲシュタルト療法は、ワークのプロセスで、最初は表面的な層から関わっても、クライエントが次第により深い層の自分に気づき、それを表現できるように援助します。

（11）ゲシュタルト療法の原理と変容の逆説理論

以上をまとめると、ゲシュタルト療法の原理は、次のように説明することができます。

ゲシュタルト療法では、クライエントの問題は、過去に完結していない欲求や感情体験へのとらわれから起きるものと考えます。そのため、ゲシュタルト療法では、「今・ここ」で、地に存在している未完結な欲求や感情に気づき、図に上らせて完結することによって、本来人間に備わっているホメオスターシス機能や気づきのサイクルが機能するように援助します。すなわち、「今・ここ」で、真の自分（の欲求）に気づき、それをありのままに認め、受容することで、未完結な問題を完結することができ、生きるエネルギーを活かすことができるようになるのです。その際、自分の受け入れがたい部分を変えようとすると、かえってその部分を認められずにとらわれてしまい、変わることができなくなります。その代わりに、ただありのままの自分を認め、受け入れることによって、結果的に変容が起きるのです。このことを、**変容の逆説理論**と呼びます（A. Beisser, 1970）。

3　ゲシュタルト療法の技法

これまで、ゲシュタルト療法の哲学と原理についてご説明してきました。ここでは、それらに基づいて、実際にはどのような技法を用いてワークをするのかをご説明します。

（1）グループの活用

ゲシュタルト療法は通常、グループ・セラピーの中で個人ワークを行う形で実施します。個人ワークを希望するクライエントは、**「ホットシート」**と呼ばれるファシリテーター（ゲシュタルト療法ではセラピストのことをこう呼びます）の前の椅子に座り、ワークを受けます。最初は、他のメンバーの前で個人ワークをすることに抵抗を感じるクライエントもいますが、個人ワークの後で他のメンバーから伝えられるフィードバックは、クライエントにとって肯定的なストロークとなります。また、用いる技法によっては、他のメンバーに家族の代理人などの役割をとってもらうこともあります。さらに、個人ワークを見ている他のメンバーに変化が起きる場合も多く、効果的です。

（2）「今・ここ」にアプローチする

ゲシュタルト療法では、徹底して、**「今・ここ」**で自分が経験していることに気づくようにサポートします。過去の出来事を扱う場合にも、過去の話を聞くのではなく、あたかもそれが「今・ここ」で起きているかのように、現在進行形で語ってもらいます。そのことによって、クライエントは「今・ここ」で、過去の体験をくり返すことができ、そのときの感情を再体験します。そして、ファシリテーターも、クライエントに「今・ここ」で起きていることに注意を払って観察し、必要があれば観察したことをクライエントに伝えます。

「今・ここ」に気づきを向ける問いかけには、次のようなものがあります。

・今、どんなことに気づいていますか
・今、どんな感じですか

・今、その手の動きは何を表現していますか
・今、あなたは何をしたいですか
・今、あなたの姿勢、動作、表情は何を表していますか

（3）身体感覚にアプローチする

ゲシュタルト療法では、クライエントが、「今・ここ」の身体感覚に気づくことを援助します。そのための問いかけには、次のようなものがあります。

・身体に意識を向けてください。どのような身体感覚がありますか？
・その身体感覚はどこで感じますか？
・そこ（それ）がしゃべれるとしたら、何と言っていますか？

（4）身体にアプローチする

ゲシュタルト療法では、ファシリテーターはクライエントの身体の動きや変化を注意深く観察し、そこにアプローチします。その際の方法としては、身体に声を与える（「もし、その手が語れるとしたら、何と言っていますか？」など）、身体の動き、リズムにまかせてみる（「そのまま、身体が動きたいように動かさせてください」など）、身体の動きをおおげさにしてもらう、身体の動作に声を与える、身体の色、イメージ、形を表現してもらう、などがあります。

（5）感情にアプローチする

ゲシュタルト療法では、クライエントが、「今・ここ」で感じている感情に気づくことを援助します。そのための問いかけには、次のようなものがあります。

・今、何を感じていますか？
・それは、身体のどこで感じていますか？
・そこ（それ）がしゃべれるとしたら、何と言っていますか？

（6）「なぜ」より「どのように」にアプローチする

これは、**コンテント（言葉）よりもプロセス（構造）にアプローチする**ことでもあります。「なぜ」（Why）と聞くと、クライエントは中間領域での説明を始めてしまい、「今・ここ」にいなくなってしまいます。それよりも、「今・ここ」で起きていることが、「どのように」（how）起きているかに気づきを向けることのほうが大切です。たとえば、クライエントが「感情を感じられない」と言った際、「なぜ？」と聞くのではなく、「どのようにして感情を止めていますか？」と聞きます。どのように問題を維持しているかに気づくことが大切です。そして、それを動作で表現してもらうこともあります。

（7）言葉を言い換えてもらう

たとえば、**「できない」**という言葉を**「しない」**と言い換えてもらったり、**「しようと思う」**という言葉を**「する」**と言い換えてもらったりすることで、選択の主体が自分であることを認識してもらうことになります。また、**「でも」**という言葉は、その前に言ったことを否認してしまうので、**「そして」**という言葉を使って、その前に言ったことも、その後に言うことも両方とも否認しないようにしてもらいます。それ以外にも、言葉を言い換えてもらうことで、クライエントの体験に沿った言葉を見つけてもらうこともあります。

（8）エンプティ・チェア技法

これは、**空の椅子**（エンプティ・チェア empty chair）を使った技法であり、再決断療法でももっともよく使われるゲシュタルト療法の技法の一つです。日本では、椅子の代わりに座布団やクッションを使うことも少なくありません。

エンプティ・チェア技法では、クライエントは、自分が座る椅子（ホットシート）の他に空の椅子を一つ（必要に応じて複数）用意し、その空の椅子に人物や自分の一部、症状などが座っているとイメージするように促されます。そして、イメージしたときの自分の感情に気づくように促されたり、それと対話をするように促されたりします。対話をする場合には、クライエントは空の椅子に移ってその人物等になり、自分に対して話しかけ、今度は最初の椅子に戻って、自分になってそれに答えるというように、二つ（またはそれ以上）の椅子を行ったり来たりしながら、対話をします。ときには、クライエントが空の椅子に座らせた人物等になっているときに、ファシリテーターがその人物等にインタビューをすることもあります。

このようなエンプティ・チェア技法は、空の椅子に誰（何）を座らせるかによって、次のような場合に分けられます。

a　人物との対話

これは、空の椅子に親や職場の上司、友人などの人物を座らせて、対話をするものです。人間でなく、ペットなどを座らせる場合もあります。私たちは、しばしば、親等の人物に言いたいことを言えなかったことが、未完結な問題となります。それを、「今・ここ」でその人物を空の椅子に座らせて、言いたかったことを言うことで、完結させるのです。また、空の椅子に座らせた相手になってみて、今まで気がつかなかった相手の気持ちに気がつくということもあります。なお、複数の人と対話をする場合には、複数の空の椅子を使います。

b　内面の葛藤の対話

これは、自分の中で葛藤している二つの異なる部分を、二つの空の椅子に座らせ、それぞれになって対話をさせるものです。私たちが葛藤したり、悩んだりしているとき、多くの場合、私たちの内面で二つの異なる思いや考えがぶつかり合っているのです。実は、人間には、良い―悪い、愛―憎など相反する二つの自分すなわち両極性を作りやすい傾向があり、これを**二極分割**と呼びます。

たとえば、パールズは、**トップドッグ（top dog）とアンダードッグ（under dog）**との葛藤について述べています。トップドッグ（勝ち犬）とは、正論を言い、「～すべき」「そうしなかったらそのときは～」と威圧し、脅す部分です。一方、アンダードッグ（負け犬）とは、表面上はトップドッグに従っているかのように見えて、「できない」と言ったり、先延ばしにしたりして無力感と逃避で抵抗する部分です。この両極の椅子を置き、クライエントにそれぞれになってもらって、対話をするのです。すると、最初はお互いに相手の言うことに耳を傾けない状態が続きますが、次第に相手の言うことに耳を傾けるようになり、統合されます。このように、エンプティ・チェア技法を用いることによって、**二極分割の状態が統合に向かう**のです。内面の葛藤の対話には、トップドッグとアンダードッグとの葛藤以外にも、「したい自分」と「したくない自分」との対話など、多くのバリエーションがあります。

c　症状との対話

これは、頭痛や胃の重さなど、自分の内的な体験である症状を空の椅子に置き、それと対話をする方法です。症状に苦しめられているとき、私たちはしばしばそれに圧倒され、自分を見失っています。症状を外在化して空の椅子に座らせ、それと対話をすることによって、私たちは自分の主体性を取り戻すことができるようになり、症状と距離を取り、客観的に向き合うことができるようになります。そして、自分がどのように症状と付き合うかを、改めて決めることができるようになるのです。

d　その他

前述した以外にも、身体感覚や身体の動き、イメージなどを空の椅子に座らせ、エンプティ・チェア技法を用いることがあります。

（9）シャトル技法

これは、クライエントがトラウマなど過去のつらい出来事に触れたときに、そこに必要以上にとどまって二次的なトラウマ体験をさせるのではなく、「今・ここ」の現実の世界にコンタクトするように促す技法です。そして、過去と「今・ここ」を往復することによって、クライエント自身がトラウマ体験に支配されず、「今・ここ」の自分に戻ることができるように援助するのです。

（10）サイコ・ドラマ

ゲシュタルト療法では、ジェイコブ・レヴィ・モレノが考案したサイコ・ドラマの技法を用いることもあります。たとえば、自分が小さい頃の家族との場面を、他のグループメンバーに父母や兄弟、そしてときには自分の役も演じてもらい、そのときの体験を再現するなどがその例です。

（11）夢のワーク

ゲシュタルト療法では、夢を扱うこともあります。ゲシュタルト療法の夢のワークでは、まず、クライエントが見た夢を、夢の扉を開け、現在進行形で語ってもらいます。次に、クライエントは、夢の中に登場した人物、もの、風景、エネルギーになってみるように促されます。そして、たとえば、「私は雲です。私は空の上から、〇〇を見守っています」などと語ってもらうのです。これは、「夢はすべて、自分の一部分である」という考えに基づいています。そして、このようなワークを通じて、クライエントは自分が見た夢の意味に気がついていくのです。

（12）ファンタジー・トリップ

これは、ファンタジーの世界に入り、体験する技法です。クライエント自身のファンタジーの世界での体験を語ってもらったり、そこに出てくる登場した人物、もの、風景などになってもらったりする方法と、ファシリテーターが提示するファンタジーの世界に誘導し、そこでの体験を語ってもらう方法があります。いずれも、そのような体験を通じて、地となっている自分に気がついてもらうことが目的です。

これら以外にも、ゲシュタルト療法には、さまざまな技法があります。ゲシュタルト療法について、より詳しくお知りになりたい場合にも、参考文献をお読みいただけると幸いです。

Ⅳ　再決断療法

さあ、いよいよ再決断療法（Redecision Therapy）についてご説明するときがきました。再決断療法は、一九六〇年代半ば、グールディング夫妻によって創始された、交流分析とゲシュタルト療法の手法を統合したアプローチです。

前述したとおり、ボブ・グールディングはもともとは精神分析のトレーニングを受けていましたが、一九六二年にバーンに分析を受けたことから交流分析を知り、深く魅了されました。

しかし、その後彼は、交流分析による知的な理解だけでは、感情に変化が見られにくいことに気がつきました。そして、ちょうどその頃出会ったパールズのゲシュタルト療法のワークを受け、感情が変化することを体験して感銘を受け、パールズからゲシュタルト療法を学ぶようになりました。ところが、今度は、ゲシュタルト療法のクライエントが、一時的に気分が良くなっても、また治療に戻ってくることに気がつきました。そのため、グールディングは、ゲシュタルト療法の感情体験を、交流分析の知的な理解でフォローすることが重要であると考え、交流分析とゲシュタルト療法を統合した「再決断療法」を考案し、それ以後妻のメリー・グールディングとともに実践したのです。

1　再決断療法の原理

再決断療法は、今は大人になっているクライエントが、小さな子どものときに行った**早期決断**を、ゲシュタルト療法の技法を用いたワークの中で、〈子ども〉の自我状態に戻ってそのときの感情を再体験しながら、〈成人〉の自我状態も使ってやり直し（**再決断**）、その体験を〈成人〉の自我状態によって統合することで、古い**脚本**に従うことから脱却するものです。

グールディング夫妻は「人は誰でもＯＫな存在で、考える力を持ち、自分の運命を決めることができる」という**決断モデル**を重視し、**脚本**は過去（幼児期）の時点において自分自身が行

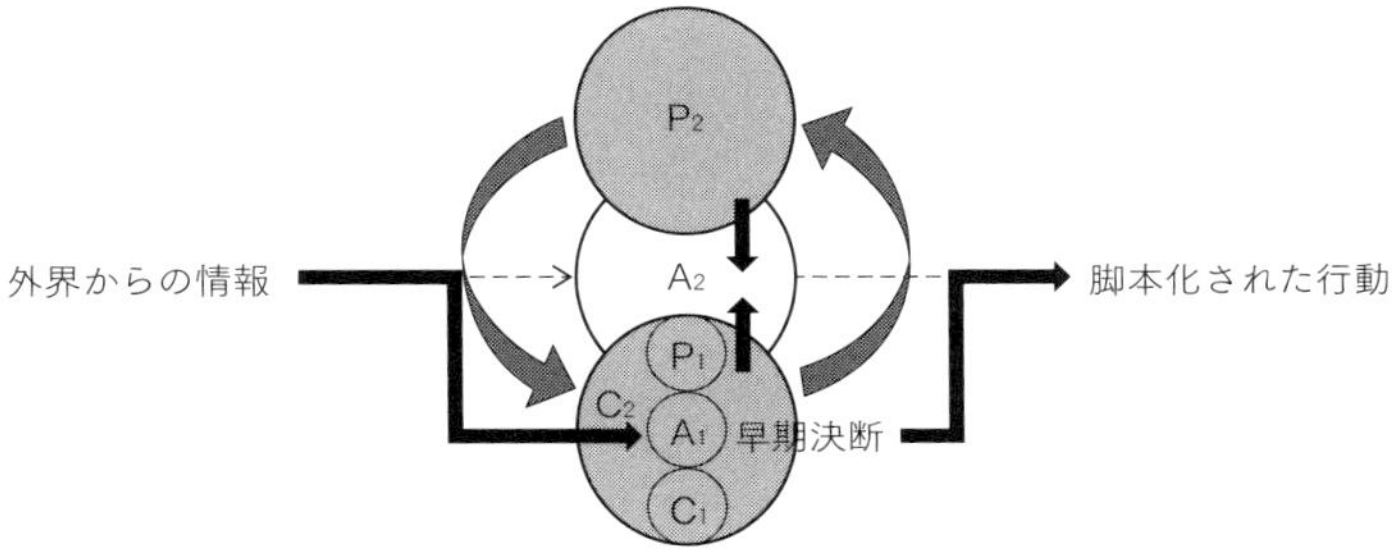

図 16　脚本のプロセス

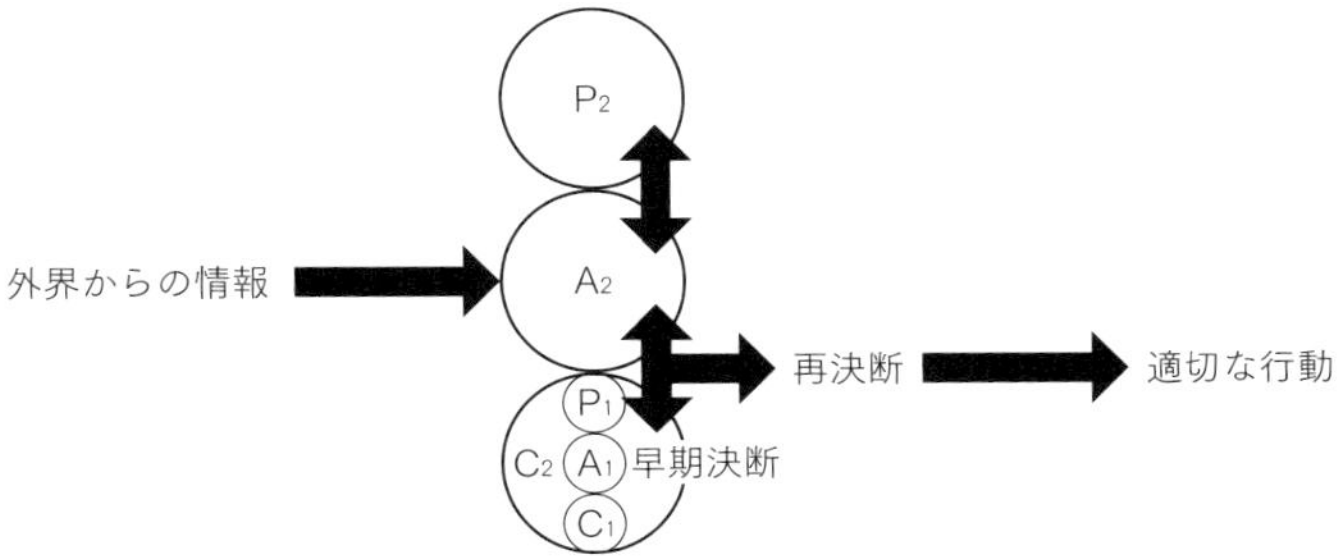

図 17　再決断のプロセス

った最善の**決断**によるものであり、人は誰でもそれが現在にふさわしくないことに気づけば、現在の状況に最善の**再決断**をすることが可能であるとしました。

また、そのためには、〈成人〉の自我状態による現実吟味だけではなく、〈子ども〉の自我状態の中の特に〈自由な子ども〉のパワーを用いることが重要であることを強調しました。つまり、「こうであるべきである」という〈親〉の自我状態やそれに従う〈従順な子ども〉の自我状態からではなく、その決断を自分自身の〈自由な子ども〉が欲しているような再決断をすることが大切なのです（図16・17）。

2　再決断療法の前提

再決断療法は、93ページでお伝えした交流分析の哲学と目標としての自律性をその前提としています。

（1）交流分析の哲学

交流分析の哲学は、再決断療法の基盤になっている考え方で、次の三つがあります。

①人は誰でもOKな存在である（I'm OK. You're OK.）

誰でも、生まれたときには純粋無垢の赤ちゃんです。つまり、誰もがかけがえのない大切な存在なのです。たとえ、あなたの行為が間違っていて、それを修正する必要があるときでも、存在としてのあなたはいつでもＯＫです。この人間に対する実存的な尊重が、再決断療法の基盤になっています。

②人は誰もが考える力を持つ

交流分析では、脳に障害があって生物学的に考えることができない人を除いて、誰でも考える力を持っていると考えています。そのため、再決断療法のセラピストは、クライエントの能力を値引きして代わりに考えてあげることはせず、クライエント自身に考えてもらいます。再決断療法が大切にしている「契約」の考え方も、このことに基づいています。

③人は自分の運命を決め、そしてその決定は変えることができる（決断モデル）

私たちは子どもの頃、置かれた環境の中で生き延びていくために、自分の生き方について、自分にできる精一杯の決断（早期決断）をして、それに従って生きてきました。しかし、それは自分がした決断ですから、今の自分に適当でないと思えば、いつでも再決断をして、変えることができるのです。「自分の人生（運命）は自分で変えられる」という決断モデルが、再決断療法の基盤になっています。

（2）交流分析の目標＝自律性

再決断療法が目指すゴールは、交流分析の目標である自律性（autonomy）で、気づき、自発性、親密さの能力の三つです。

①気づき

気づきとは、「今・ここ」の刺激を、過去の体験に由来する先入見や恐れによって歪めることなく、新鮮な感覚を通して直接的に知覚することをいいます。再決断療法では、過去の決断（早期決断）に基づく脚本にとらわれない、今・ここの自分のありのままの感覚による気づきを大切にします。

②自発性

再決断療法では、感じること、考えること、行動することにおいて、可能な限りの選択肢から選択することのできること、すなわち自発性を目標にします。これは、三つの自我状態のどこからでも自由に反応できること、脚本から自由であることを示します。

③親密さの能力

自分がありのままの自分を受け入れることができるようになると、相手のありのままの姿を受け入れることができるようになります。親密さは、I'm OK. You're OK. の関係、すなわち自分と他人との間で、互いに心を開いて、感じていることや欲していることをともにすることであり、再決断療法が目標とする人間関係です。

3　再決断療法の手順

それでは、実際の再決断療法は、どのような手順で行われるのでしょうか？　ここでは、グールディング夫妻の著書（Goulding & Goulding, 1979）や筆者がヴァン・ジョインズの講義で学んだことを参考に、その手順をまとめてみたいと思います。

（1）契約

再決断療法は通常、セラピストが「三つのP（許可：permission、保護：protection、能力：potency）」（P. Crossman, 1966）を示し、安全性が守られた場のなかで、セラピストが**「今日、ここで、自分の何を変えたいですか？」**と尋ね、クライエントが自分は「今日、ここで、何を変えたいか」を表明することから始まります。

バーンは、契約は「明確に定義された一連の行為についての、十分にはっきりと表現された双務的な約束」（E. Berne, 1966）であるとして、契約がセラピストとクライエント相互の同意と双方の責任能力に基づいたものであること、すなわちそれぞれが対等に、自律的に契約を行い、自分の責任と義務を果たすものであることを強調しましたが、グールディング夫妻はさらに、契約はクライエントが自分自身と結ぶものであり、セラピストはその際の証人であり、かつその作業を促進する役目を果たすものであるとして、契約におけるクライエントの主体性、自律性を強調しました（Goulding & Goulding, 1979）。

グールディング夫妻は、契約を「治療の焦点をはっきり決めるもの」と位置づけ、「自分の何を変えたいか」と尋ねることを重視しています。もちろん、セラピストが「今日、ここで、自分の何を変えたいですか？」と尋ねても、クライエントが「何を変えたいかはわかりません」と言ったりしてすぐに答えられない場合や、「何かを変えたいというわけではないのですが……」と言う場合もあります。筆者はその場合、「それでは、今日、ここで、何をしたいですか」と尋ね直し、ゲシュタルト療法のワークの形で始めることもありますが、それでもその後のプロセスの中で、クライエントの変化を見ながら、可能な限りクライエントに、自分の何を変えたいかという契約を明確にするように促しています。

なぜなら、「自分の何を変えたいか」と尋ねることには、再決断療法のワークはクライエントが変わるということを目標にしており、それは可能であるということをクライエントに示すこと、セラピストがクライエントを治すというものではなく、そのプロセスにクライエント自身が参加する責任があることを示すことという大切な意味があるためです。つまり、クライエントの考える力、主体性、責任の明確化（犠牲者の役割からの脱却）といった重要な意味を持つ質問なのです。

もし、クライエントが契約をすぐに明確にできない場合には、クライエントの話をよく聞きながら、クライエントが契約を明確にするプロセスを援助します。そうしていく過程で、クライエントが自分の真の欲求に気づくなど、契約を明確にしていくプロセスそのものが治療的である場合も少なくありません。なお、契約は一度決めたら、もう変えられないというものではありません。再決断療法のワークのプロセスが進む中で、自分のことがより深く理解でき、それに基づいて最初とは別の契約をすることもよくあることなのです。

◆契約をする際の留意点

クライエントが契約を表明した際にも、次に挙げるような場合には注意が必要で、さらに契約を明確にするプロセスを援助する必要があります。

①契約が抽象的な場合

「幸せになりたい」とか「元気になりたい」といったように契約が抽象的であったり、漠然としていたりするときには、「幸せになるというのは、具体的にはどのようなことをいうのですか」とか「元気になったことが、私にはどのようにわかりますか」など、**観察可能な具体的**

な行動として契約してもらうようにします。変化したときの姿を具体的に示してもらう場合もあります。

また、「上司との関係をよくしたい」といったような契約で、それが具体的にどういうことかわからないような場合には、エンプティ・チェア技法でその上司と対話してもらい、何が起きているのかを明確にする場合もあります。

さらに、契約の言葉が難しい場合には、「**八歳の子どもでもわかる言葉**で言ってください」と言ったり、契約の言葉が長い場合には、「短く言うと（一言で言うと）どういうことですか」と聞くこともあります。

②契約が否定的な言葉である場合

たとえば「寝坊しないようになりたい」などの否定的な言葉による契約は、「〜でなければいけない」「〜すべきである」という〈支配的な親（CP）〉に従った〈従順な子ども（AC）〉からの契約であることが少なくありません。そのため、「その代わりにどうしたい？」などと聞き、「毎日、午前七時までには起きる」というような肯定的な言葉で言い換えてもらうことで、**〈自由な子ども（FC）〉と〈成人（A）〉の自我状態による契約**にする必要があります。また、クライエントが「〜しなければならない」と言った場合には、「〜したいですか？」と尋ねて、クライエントの真意を明確にします。

③実現不可能な契約である場合

交流分析では、**「過去と他人は変えられない」**と考えており、クライエントがたとえば「夫を変えたい」とか「子どもを学校に行かせたい」といったような他人を変えることを契約として表明した場合や、「子どもの頃の自分に戻りたい」「小学校の頃からやりなおしたい」といったような過去を変えることを契約として表明した場合には、クライエントにそれは不可能であることを伝えます。そして、**今、自分を変えることだけが可能**であることを伝え、「そのためにあなたは何をしますか？」と尋ねるなどして、**実現可能な契約をする**ように促します。また、「世界中の子どもたちを幸せにしたい」といった契約も、実現可能かどうかわかりません。その場合も、「そのためにあなたは何をしますか？」と尋ねるなどして、実現可能な契約をするように促します。

④危険な内容の契約である場合

契約は**安全なもの**でなければならず、「自殺する決断をしたい」とか「上司を殴りたい」など、危険な内容や違法な内容の契約は認めません。自殺や殺人、精神病の発症の恐れがある場合には、他の契約をする前に、それらの**エスケープ・ハッチ（逃げ道）を閉じる**契約をする必要があります（Goulding & Goulding, 1979）。具体的には、クライエントに「自殺をしません」「殺人をしません」「精神病を発症しません」という契約をしてもらいます。もし、クライエントが「それはできない」とか「自信がない」とか言った場合には、いつまでならしないことを約束できるかを聞き、それまでにもう一度会って、再度「自殺をしません」「殺人をしません」「精神病を発症しません」という契約を促すということを続けます。それすらも契約できないと言う場合には、病院に連絡をとって、入院してもらうことになるでしょう。

⑤契約に最初の「わな」や「脚本化された反応」が見られる場合

ときには契約の段階で、ゲームに陥る最初の「わな」や「脚本化された反応」(値引き、ラケットなど)が含まれている場合があります。そこで、セラピストはクライエントの言動によく注意しながら、最初の「わな」や脚本化された言動をキャッチし、必要であればそれと対決する必要があります。たとえば、「～できない」という言葉には、自分の能力や主体性に関する値引きが含まれているので、「～しない」と言い換えてもらいます。同様に、「やってみる」は「する」に、「～させられる」という受け身の表現は「私が～している」という能動的な表現に、「人間は～」「それは～」は、「私は～」に言い換えてもらいます。また、つらい話を笑いながらしている場合(絞首台の笑い)のように、言行不一致な場合は、そのことを指摘します。このような最初の「わな」や「脚本化された反応」を見逃すと、それ以後のワークはゲームになってしまったり、脚本を強化してしまうことになったりするので、最初の「わな」や「脚本化された反応」を見つけることは、非常に重要です。

◇有効な契約を結ぶための五つの質問

ミュリエル・ジェイムズは、有効な契約を結ぶための五つの質問を考えました（M. James, 1998）。このような質問は、契約を明確にするために役に立ちます。

①あなたの人生をより満足なものにするためにあなたが欲しいものは何？

この質問は、目標を明確にするために役立ちます。同様な質問として、「～する代わりに何をしますか？」「～する代わりにどうなりたいですか？」などの質問も有効です。

②あなたが欲しいものを手に入れるために、何を変える必要がある？

この質問は、目標を達成するために何を変える必要があるか、すなわち現在の問題を明確にします。「そのために、何を変える必要がありますか？」といった聞き方をします。

③その変化をもたらすために、あなたは何をする？

この質問は、変化の責任がクライエント自身にあることを明確にします。交流分析では「過去と他人は変えられない。変えることができるのは今の自分だけ」と考えます。「そのためにあなた自身は何を変える必要がありますか？」「そのためにあなたは、何をしますか？」といった聞き方をします。

④その変化が起きたことを他の人々はどのようにして知ることができる？

この質問は、契約を幻想的、抽象的なものではなく、観察可能な具体的な行動とすることを助けます。「その変化が起きたとき、あなたはどうなっていますか？」「それは私にどうわかりますか？」といった聞き方をします。

⑤あなたは自分でどんな妨害工作をする可能性がある？

この質問は、クライエントの「抵抗」、すなわち目標の達成をどのようにして妨げる可能性があるかを明確にします。「もし、目標の達成を妨げるとしたら、あなたはどのようにしますか？」「あなたの何が、そうするのを妨げますか？」といった質問の仕方もあります。

◆契約はなぜ必要なのか

それでは、再決断療法では、なぜそこまで契約を重視するのでしょうか。それは、契約をすることには、次のような意味や利点があるからです。

①交流分析の哲学、目標を具現化する

交流分析の哲学である「人は誰でもＯＫな存在である（I'm OK. You're OK.）」「人は誰もが考える力を持つ」という考え方を具現化し、クライエントの主体性、責任を明確化します。このことは同時に、クライエントの能力を値引きすることを防ぎ、交流分析の目標である自律性を促進します。

②セラピストが〈救助者〉の役割を演じるのを防ぐ

セラピストが「助けてあげる」という〈救助者〉の役割を演じることは、クライエントの能力を値引きし、〈犠牲者〉にしてしまう危険性があります。グールディング夫妻は、Therapist（セラピスト）がThe rapist（強姦者）にならないように戒めています（Goulding & Goulding, 1979）。契約は、これらを防ぎ、セラピストとクライエントが対等であり、「力はクライエント自身にある」ことを明確化します。

③治療のゴールを明確にする

セラピーの過程で、セラピストとクライエントがどこに向かっているかを見失ってしまうことは、実はよくあることです。グールディング夫妻は、「治療の焦点をはっきりきめるのが、治療的契約である」と述べています（Goulding & Goulding, 1979）。契約があるために、セラピストとクライエントは自分たちが向かう方向を確認することができ、それにエネルギーを注ぐことが可能になります。また、契約があることで、ゴールに向かわないクライエントやセラピストの動き（抵抗と逆抵抗）が明らかになります。

④ゲーム（転移関係）、共生関係を防ぐ

契約なしにセラピーを進めると、クライエントは変化するためではなく、ただ自分がセラピーに通っていることで自分の病気を正当化したり、セラピストとの関係を維持するためにセラピーに通ったりすることがあり、その結果、セラピストとクライエントとの関係がゲームや共生関係に陥ることも少なくありません。明確な契約を共有することで、裏面の交流を防ぐことができ、ゲームや共生関係に陥らないようにすることができます。

(2) 問題となる場面を再現する

契約が明確になると、次はクライエントが問題としている場面を再現してもらいます。

クライエントが訴える問題は、「上司とうまくいかない」「母親との関係で悩んでいる」などの対人関係の問題や、「気分が重い」「緊張しやすい」といった感情や身体感覚の問題、さらには「頭痛がする」「肩がこる」などの症状の問題などさまざまです。対人関係の場合には、その相手を空の椅子に座らせて、問題となっている場面を再現することになりますが、感情や症状が問題である場合には、それに応じた技法が必要になります。

A 対人関係の問題

対人関係の問題の場合には、クライエントにその問題がどのような場面で生じるのかを教えてもらいます。クライエントが表明する場面には、①現在の場面、②最近の場面、③幼児期の場面、④想像上または空想上の場面、⑤いろいろな場面の組み合わせがあります。

①現在の場面

現在の場面は、セラピーが行われている部屋で、現在進行している場面です。たとえば、今、目の前にいるセラピストとの間に生じている問題や、グループの他のメンバーとの間に生じている問題がそれに当たります。このような場合、その相手に自分の感じていることを率直に伝えることを促し、援助します。

クライエント：グループにAさんがいると、緊張して、息苦しいんです。何か、馬鹿にされているのではないかと思うんです。
セラピスト：Aさんにそのことをきいて、確かめてください。
クライエント：Aさん、あなたは私を馬鹿にしていますか？
A：とんでもない。そんな気持ちはまったくありません。
セラピスト：それを聞いて、どんな感じですか？
クライエント：びっくりしています。私の思い込みだったのですね。（涙）少し、ホッとしています。

現在の場面を扱うことは、しばしばより早期の場面を思い出す足がかりとなります。なぜなら、クライエントが現在の場面で感じている問題は、しばしば過去の体験すなわち脚本のくり返しだからです。

セラピスト：Aさんに感じたのと同じような緊張を、小さい頃に感じたことがありますか？

クライエント：そう言われると、小さい頃、兄に対して感じた感じに似ている気がします。

このように、クライエントがより早期の場面を想起したら、その場面のワークに移行します。そして、より早期の場面で再決断のワークを行った後、再度現在の場面に戻り、Aさんと向き合ってもらい、自分の変化を感じてもらいます。

②最近の場面

クライエントが最近の場面を想起した場合は、ゲシュタルト療法のエンプティ・チェア技法を用いて、その相手を空の椅子に座らせ、クライエントにその問題が「今・ここ」で起きているかのように、その場面を現在進行形で話してもらいます。

そして、場面が明確になったら、その相手と対話をしてもらいます。その際、最初は自分の椅子から始めて、相手の椅子と自分の椅子を行き来しながら対話し、最後にはまた自分の椅子に戻ります。

クライエント：たとえば、昨日も、妻との間で問題が起きました。

セラピスト：それがあたかも今起きているように、現在進行形で言ってください。あなたは今どこにいて、何が起きていますか？

クライエント：今、自宅にいて、目の前に妻がいます。

セラピスト：それでは、この椅子（空の椅子）に奥さんを座らせて、あなたでいるときは今座っている椅子にいて、二人の間で今何が起きているのか対話してください。

このように、クライエントにその場面を説明してもらうのではなく、今、その場面を再現してもらうことによって、そこで起きている問題が何であるかが、セラピストとクライエントの両者にわかりやすくなります。また、その場面を再体験することは、その場面の事実だけではなく、感情も引き出すことになり、その問題がイキイキとしたものになります。このような反応は、問題について語るだけでは決して体験できるものではないのです。そして、このような体験を通じて自分の問題や感情が理解できることによって、クライエントは何を変えたいのかを明確にすることができ、新たな契約につながることもあります。

また、最近の場面を扱うことも、さらにより早期の場面を思い出す足がかりとなります。その場合、セラピストがクライエントに、「同じような体験を、小さい頃にしたことがありますか？」ときくことが、幼児期の場面の想起につながります。クライエントが最近の場面で感じている問題もやはり、過去の体験すなわち脚本のくり返しであることが多いからです。

セラピスト：奥さんに感じたような感情を、小さい頃に誰かに対して感じたことがありますか？

クライエント：今、妻と対話をしていて、妻が母親に見えました。小さい頃の母親のことを思い出します。

このように、クライエントがより早期の場面を想起したら、その場面のワークに移行します。そして、より早期の場面で再決断のワークを行った後、再度最近の場面に戻り、奥さんと対話をしてもらい、自分の変化を感じてもらいます。

③幼児期の場面

最初からクライエントが幼児期の場面を想定する場合もありますが、前述のように現在の場面や最近の場面からより早期の幼児期の場面が想起される場合もあります。グールディング夫妻は、現在と最近の場面は明確化と問題解決のために用い、再決断にはあまり利用しないと述べています。なぜなら、現在や最近の場面では、クライエントは〈成人〉の自我状態を使いやすいからです。グールディング夫妻は、再決断には〈成人〉の自我状態だけではなく、〈自由な子ども〉の自我状態を使用することが重要であると考えていました。そのため、再決断療法を行うためには、幼児期の場面を扱うことで、クライエントの〈自由な子ども〉を活性化することが重要であると考えていたのです。なぜなら、幼児期の場面においては、クライエントは子どもだからです。

また、幼児期の場面を扱うことによって、禁止令など、脚本が形成されたプロセスが理解でき、再決断につながりやすくなる面もあります。そのため、再決断療法においては、できる限り幼児期の場面を扱うとよいと考えられていて、現在や最近の場面を扱った場合でも、クライエントに可能な限りより早期の場面を想起してもらうように促すのです。

クライエント：いつも劣等感に悩まされています。私はもっと、自信を持って生きたいのです。
セラピスト：小さい頃、あなたに「ダメな奴だ」というようなことを言ったのは誰ですか？
クライエント：父です。父は厳しくて、私ががんばっても、まったくほめてくれなかったのです。
セラピスト：本当はお父さんに何を言いたかったんですか？
クライエント：お父さんにほめてもらいたかったんです。でも、そんなことを言えば、お父さんに怒られることはわかっていたし……。

セラピスト：それで「ダメな自分」でいようと決断したんですね。そのときの小さな子どもとしては、お父さんに見放されないために、それが最善の方法だったんですね。
クライエント：はい。
セラピスト：お父さんを椅子に置き、本当に言いたかったことを言ってください。
クライエント：ぼくはお父さんにほめてほしくて、一生懸命にがんばっていたんだよ。そして、良い成績をとったけど、お父さんはやっぱりほめてくれなかった。それでぼくは、全然自信を持てなかったんだよ。

クライエントは、お父さんから「成功するな」「重要であるな」という禁止令を受け、それを「一生懸命努力せよ」というドライバーに従うことで認められようとしましたが、それでもお父さんはほめてくれず、自分で「ダメな自分」を演じることを早期決断することで、お父さんがほめてくれないことを正当化しようとしていたようです。このように、幼児期の場面を再現することで、脚本形成のプロセスが明らかになります。

◇ペアレント・インタビュー

幼児期の場面で、クライエントが親と対話をする際には、**ペアレント・インタビュー（Parent Interview）**を行う場合も少なくありません。ペアレント・インタビューは、ジョン・マクニールがインパス（行き詰まり）の解決のために編み出した手法（J. R. McNeel, 1976）で、クライエントの〈親〉の自我状態を理解するためにしばしば用いられます。インタビューする親は、実際の親ではなく、クライエントが自分の中で「それが親である」と思って〈親〉の自我状態の中に記憶している親を指します。ペアレント・インタビューは、a：クライエントが「犠牲者」の立場を取っており、b：自分のイメージの中にある親が、クライエントが変化してくれることを望んでいろいろな要求を出しており、c：それがクライエントのラケット感情につながっていて、しかも、d：親からの反応が防衛的であることが判明したときに、もっとも適切な介入法である、とされています。

（前述の場面の続き）

セラピスト：こちらの椅子（空の椅子）に座ってお父さんになってください。息子さんが言っていることが聞こえましたか？　それを聞いて、今、どう思われますか？

クライエント（父）：息子がそんな風に思っていたとは知らなかったので、とても驚いていいます。私としては、ただ息子にがんばってほしかっただけなんです。

セラピスト：息子さんは、お父さんにほめてもらえなかったと言っていますが？

クライエント（父）：確かにそうだったと思います。私も父親にほめられることはなかったんです。男親は息子をほめたりしないものだと思っていました。

セラピスト：それで息子さんは、「自分はダメだ」と思っていたようですが？
クライエント（父）：息子を「ダメな子」なんて思っていないんです。本当は、息子ががんばってくれて、自分もうれしかったんです。
セラピスト：そのことを息子さんに伝えてください。
クライエント（父）：お前にがんばってほしくて、つい厳しくなってしまったけれど、私にとってお前は誇りだよ。だから、「自分はダメだ」なんて思わないでほしい。
セラピスト：元の椅子に戻って、自分になってください。お父さんの言うことを聞いて、どんな感じですか？
クライエント：うれしいです。初めて父に認めてもらえた気がします。
セラピスト：これからも「ダメな自分」で生きていきますか？
クライエント：いえ、もうやめます。これからは、自分に誇りを持って生きていきます。
グループメンバー：（拍手）

なお、a：クライエントが精神病であるか、その可能性が疑われる場合、b：親が精神病の可能性がある場合、c：クライエントがペアレント・インタビューに同意しない場合には、ペアレント・インタビューは原則的に避けるべきだとされています。

④想像上または空想上の場面

想像上または空想上の場面もまた、扱うことが可能です。この場合、ゲシュタルト療法のファンタジー・トリップのように、ファンタジーの世界に入って、そこに登場する人物やものなどになってもらう場合もあります。また、将来の自分などを空の椅子に座らせて、エンプティ・チェア技法を用いる場合もあります。

クライエント：このまま今の勉強を続けて、自分が成長できるのか不安なんです。
セラピスト：（クライエントの前に空の椅子を置いて）五年後の自分を想像して座らせてください。そして、成長できているか聞いてください。
クライエント：私は成長できていますか？
セラピスト：こちらの椅子に移って、五年後の自分になって答えてください。
クライエント（五年後）：五年も勉強してきたんだもの。あなたよりは成長しているわ。
セラピスト：元の椅子に戻って見て。
クライエント：私、焦っていただけだと気づきました。自分にできることをやって、一歩ずつ成長していきます。

想像上または空想上の場面もまた、幼児期の場面に移行することがあります。たとえば、ファンタジーの中で自分をいじめている魔女が、幼児期の母親の姿と重なったりした場合、幼児期の場面を扱います。

⑤いろいろな場面の組み合わせ

いくつかの場面を扱う場合、混乱しないように、「次の場面を始める前に、まず一つの場面を完成させること」が重要です。また、いくつかの場面のワークが考えられるとき、次のようなルールを示しています。ただし、これは「必要とあれば破ってかまわない規則である」としています(Goulding & Goulding, 1979)。

a　現実が空想よりも重要な場合には、いつでも空想から現実場面へと移行する。

b　クライエントと私たち(グールディング夫妻)の興味がある場面で、クライエントが〈子ども〉のエネルギーをもっとも解放しやすい場面を使う。

c　もし、クライエントがある場面で再決断をしない場合には、彼が次にワークするときには別の場面に移る。再決断した後で、たぶん最初の場面にもう一度戻るが、それはその再決断を確立するのが目的である。

d　グループ・セッションのなかで、一人のクライエントから次へ移るときには、場面のタイプも別のものを使う。これは重複と、ステレオタイプ化するのを避けるためと、やり方になじんだクライエントが迎合した行為をとるのを防ぐためである。

e　もし、あるクライエントが、いつも特定のタイプの場面でのワークしかしない場合には、私たちは彼に、別の場面でのワークを実験してみるように提案する。

f　もし私たち（グールディング夫妻）のどちらかが〈ピンと頭にひらめくもの〉があったときには、それを優先させる。もしいわゆる〈ひらめき〉が失敗であるとわかれば、私たちはもう一度規則どおりのやり方に戻る。

B　感情・身体感覚

「気分が重い」「緊張しやすい」といった感情や身体感覚の問題の場合には、まず、ゲシュタルト療法の身体との対話のアプローチなどを用いて、その感情や感覚を十分に感じてもらうように促します。そのうえで、その感情や感覚がなじみのある感情、感覚なのかを確認し、それがラケット感情であることを確認します。そのうえで、そのような感情や感覚をいつごろから感じているのかを尋ね、最初にそのような感情を感じた場面を想起してもらいます。これによって、前述した問題となる場面が明確となったら、それを再現してもらい、その場面のワークを行います。

クライエント：気持ちが重いです。
セラピスト：その気持ちを感じてください。

クライエント：（ゆっくり気持ちに焦点をあてている）
セラピスト：それは今までにもなじみのある感じですか？
クライエント：はい。
セラピスト：一番はじめに感じたのはいつごろですか？
クライエント：小学校の低学年くらいのときだと思います。
セラピスト：どのような場面だったのか教えてください。
クライエント：その頃、母が病気になって、入院したんです。

場面を想起することができれば、その後は前述したそれぞれの場面のワークと同様です。そして、ワークの最後に、もう一度クライエントに、最初の感情がどうなったかを確かめます。

C　症状

「頭痛がする」「肩がこる」などの症状の問題の場合には、やはりその症状が起きた最近の場面やその症状が最初に起きた場面を想起してもらい、前述のような問題となる場面の再現をしてもらうことが考えられます。また、ゲシュタルト療法の身体との対話や症状との対話のワークを行うこともあります。この場合、その過程で、その症状が幼児期の親との関係の中で生じたものであることにクライエントが気づき、再決断のワークに進行することもあります。

クライエント：頭痛がするんです。
セラピスト：どんな感じがしますか？
クライエント：しめつけられるような感じです。
セラピスト：頭は何と言っていますか？
クライエント：痛い、痛い。
セラピスト：今度はしめつけているものになってください。何と言ってしめつけていますか？
クライエント：お前は考えなくていいんだ。黙っていろ。
セラピスト：誰がそう言っていますか？
クライエント：父親です。小さい頃、よくそう言われて、殴られていました。

再決断のワークが終わった後は、やはり最初の症状がどうなったかを確認します。

◆問題となる場面を再現するのはなぜか？

このように問題となる場面を再現するのは、問題を明確化（アセスメント）するためです。問題となる場面について語ってもらうのではなく、実際にその場面を再現してもらうことによって、クライエントはその場面での感情を表出するようになり、それによって問題形成のプロセスが明確になります。また、問題形成のプロセスだけでなく、クライエントが自分自身や他人、現実を値引きすることによって、どのように問題解決を妨げているかという問題維持のプロセスを明らかにすることも目標となります。

問題のアセスメントのポイントとして、以下のような点が挙げられます。

①主訴は何か?

クライエントが言葉で主訴として訴えているものが、必ずしも問題の中核とは限らないことに注意が必要です。なお、再決断療法のプロセスに入る前に、精神医学的な疾患の有無や社会福祉的なケアの必要性などはチェックしておく必要があります。

②契約は何か?

契約の重要性については、前にお伝えしたとおりです。再決断療法では、契約を治療の焦点をはっきり決めるものと位置付け、変化のための契約の重要性を強調しています。契約が何であるか、それがクライエントの自律的かつ明確なものであるかどうかは、アセスメントの重要なポイントです。

③最初の「わな」に気づき、対決する

最初の「わな（Con）」とは、契約を実現しないために、クライエントが自分では気づかずに使う逃げ口上や相手をひっかける方法を指します。

たとえば、クライエントが「家事ができないんです」と話したとき、セラピストがうっかりその「わな」にひっかかってそのまま聞いてしまうと、クライエントが「できない」ことを事実として認めてしまうことになります。その結果、セラピストは一生懸命にクライエントが「できる」ようになるように援助しようとして、最後には無力感を感じるようなゲームになりかねません。実際にはクライエントは家事が「できない」のではなく、家事を「しない」のです。クライエントに「できない」を「しない」と言い換えてもらい、自分自身が「しない」ことを選択していることに気づいてもらうことが大切です。そのうえで、自分が「しない」ことを選択している理由や、「する」ことを選択することも可能なことに気づくことが重要です。

このような最初の「わな」には、「できない」の他に、「やってみます」「変わりたいと思います」などがあり、セラピストはこうした言葉に注意を払うことが肝要です。もし、これを早い時期に発見し、対決して解決しておかないと、セラピストはクライエントの脚本に巻き込まれ、セラピーは成功しません。

④ラケットは何か？

ラケットは、ラケット感情（そのクライエント特有の慢性的な不快感）に加えて、ラケット感情を感じるように仕組まれた特有の思考過程や行動、身体の状態（心身症など）を含みます。ラケットに気がつくためには、「自分にイヤな感じや状態をもたらすものは何か」「自分を犠牲者にしておくものは何か」「自分が変容し成長するために役に立っていないものは何か」に焦点を当てる必要があります。そして、セラピストがクライエントのラケット感情やラケット行動にストロークを与えないことが大切です。

⑤ラケットを支持し維持するために行われているゲームは何か？

ゲームは、嫌な感じ（ラケット感情）で終わる一連の交流で、役割の交代を含むものをいいます。クライエントのゲームに気づくことは、クライエントの問題を理解するためにも重要ですが、同時にセラピーをゲームの場にしないためにも大切です。

⑥クライエントはどんな早期決断をしたか？

クライエントが幼児期にどのような決断をしたのかを探るためには、セラピストはクライエントが〈子ども〉の自我状態にアクセスするように働きかける必要があります。セラピストはそのために、幼児期の場面のワークでは、クライエントに何歳頃の自分かを教えてもらい、そのときの呼び方や言葉を使うように促します。それによって、〈子ども〉の自我状態が活性化され、早期決断をした場面に戻りやすくなるのです。また、早期決断を確認する際には、「あなたはそのとき、これからどのように生きていこうと決めましたか？」という質問が有効です。

⑦禁止令（拮抗禁止令）は何か？

禁止令や拮抗禁止令は、早期決断、そして脚本の形成に大きな影響を与えます。そのため、クライエントがどのような禁止令や拮抗禁止令を受けたかを知ることは大切です。そのために、セラピストは問題となる場面の再現の過程で、クライエントが親からどのようなメッセージを受けているかを言語的、非言語的にアセスメントします。

⑧クライエントと自分（セラピスト）の中の〈成人〉から〈親〉と〈子ども〉への移行に注意を向ける

クライエントの自我状態が〈成人〉から〈親〉や〈子ども〉に移行しているとき、クライエントは脚本の中にいる可能性があります。これは、セラピストについても同じです。セラピストの自我状態が〈成人〉から〈親〉や〈子ども〉に移行しているとき、セラピストは自分の脚本の中にいるか、クライエントの脚本に巻き込まれている可能性があります。それに気づいたら、セラピストは、双方の〈成人〉の自我状態が働くように、促す必要があります。

⑨クライエントが逃げ出す、責任回避をする方法は何か？

クライエントの脚本形成のプロセスをアセスメントするだけでなく、変化を回避し、脚本を維持するプロセスもアセスメントする必要があります。契約を明確化し、「あなたの何がそれを妨げていますか？」と尋ねたり、「どうやって変化することを避けていますか？」と尋ねたりすることが有効です。

⑩絞首台の笑いはあるか？

絞首台の笑いとは、自分にとって否定的な話を笑いながらしていることを言います。このような言動が見られた場合、クライエントは自分を値引きしています。そのことをクライエントに指摘して、笑わないで話すように促します。

⑪姿勢は？　言葉と動作は一致しているか？

「元気になりました」と言いながら顔がひきつっている、「怒っている」と言いながらへらへらしているなどの言行不一致は、ネガティブな〈従順な子ども〉からの反応であり、脚本の中にいることを示しています。

⑫脚本は何か？

禁止令や拮抗禁止令、それに基づく早期決断などから、クライエントの脚本を理解することができます。脚本に気づくことが、脚本から脱却するための第一歩です。セラピストはクライエントが自分の脚本に気づくことができるように、援助します。

⑬脚本の結末は?

クライエントの脚本の結末をアセスメントし、クライエントがこのままそこに向かうことを選択するのかどうかを、クライエントに決めてもらうことが大切です。

⑭クライエントは脚本からどうやって脱却するのか?

一方で、セラピストはクライエントが脚本から脱却するのを、どのように援助できるのかについて考え、具体的な計画を立てる必要があります。

◆インパス

再決断療法はインパスからの脱却を目的としています。インパスとは、「二つまたはそれ以上の反対勢力がぶつかり合い、進退きわまった状態、つまり、一進も三進もいかず動きがとれない膠着《こうちゃく》状態」、すなわち行き詰まりの状態を指します(Goulding & Goulding, 1979)。インパスには三つのタイプがあります。

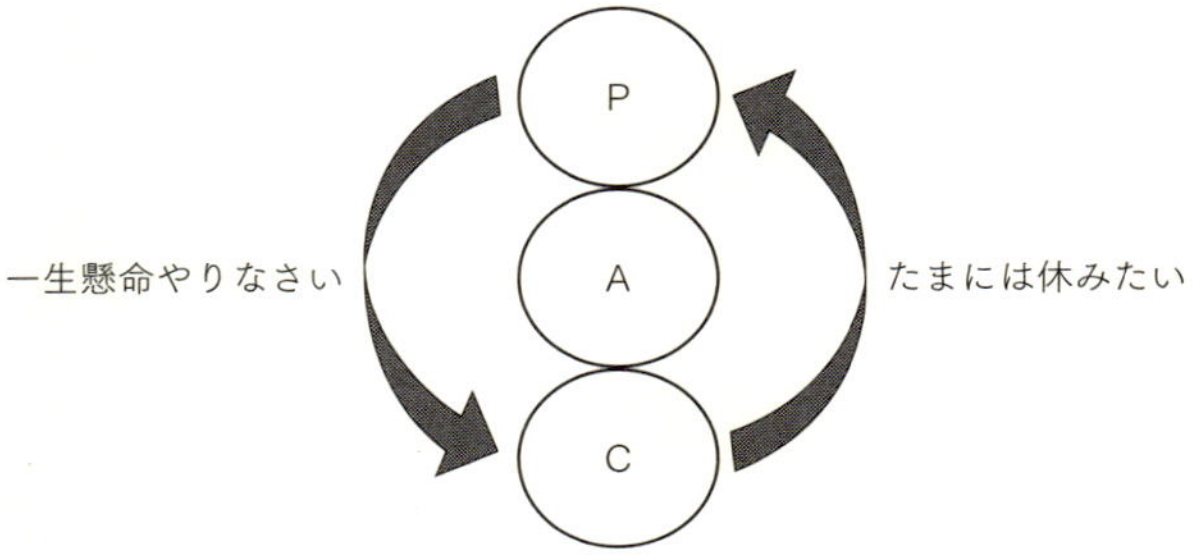

図18　タイプ1のインパス

①タイプ1のインパス

タイプ1のインパスは、〈親〉の自我状態と〈子ども〉の自我状態の間で起きているもので、拮抗禁止令に根ざしています。たとえば、父親から「何ごともやるからには、一生懸命にやりなさい」と言われてきた太郎さんの例で考えてみましょう。そのような父親からのメッセージは、太郎さんの〈P〉〈親〉の自我状態）に取り入れられ、〈C〉〈子ども〉の自我状態）に「一生懸命にやりなさい」というメッセージを送ります。しかし、そのために太郎さんはあまりにがんばりすぎ、身体は疲労で限界です。そのため、太郎さんの〈C〉は、「たまには休みたい」と反抗しますが、〈P〉はそれを許さず、葛藤しているのです。こうして太郎さんは、ストレスを感じながらも過剰労働をくり返しているのです（図18）。

このようなタイプのインパスの場合、再決断療法のワークは、太郎さんが父親から「何ごともやるからには、一生懸命にやりなさい」と言われた場面に戻り、いつも一生懸命に努力していなくても、自分は生きる価値があるということを確認したうえで、「一生懸命に働き、そして休みも十分に取る」という再決断をすることです。この場合、必ずしも幼児期の場面に戻る必要はないのですが、単に拮抗禁止令に対して「そうでなくてよい」という許可を与えるだけでなく、「そうでなくても生きる価値がある」ことを確認し、拮抗禁止令が隠している禁止令にも従わなくてよいことを確認することが重要です。

②タイプ2のインパス

タイプ1のインパスに対するワークをしても、根底にある禁止令の影響が大きい場合には、それだけでは不十分な場合があります。タイプ2のインパスは、禁止令に対する葛藤状態で、グールディング夫妻はこれを、自我状態の二次的構造分析を用いて説明しています。

自我状態の二次的構造分析とは、自我状態モデルをさらに細かく分析する手法であり、それによると〈子ども〉の自我状態〈C〉は、さらに子ども時代の〈P〉、〈A〉、〈C〉に分けられ、それぞれ〈P_1〉（〈子ども〉の自我状態の中の〈親〉）、〈A_1〉（〈子ども〉の自我状態の中の〈成人〉で「小さな教授」と呼ばれる）、〈C_1〉（〈子ども〉の自我状態の中の〈子ども〉）に分けられます（56ページの図8を参照）。この場合、当初の自我状態モデルの〈P〉、〈A〉、〈C〉は、それぞれ〈P_2〉、〈A_2〉、〈C_2〉と書き表されます。

そして、グールディング夫妻はタイプ2のインパスを、〈P_1〉と〈A_1〉との葛藤であるとしましたが、私は〈P_1〉と〈C_1〉との葛藤ではないかと考えています。

いずれにせよ、このインパスは、タイプ1のインパスに比べてはるかに感情的です。たとえば、「子どもであるな」という禁止令をもつ花子さんの例を見てみましょう。

長女である花子さんは、小さい頃から母親に、弟や妹の面倒を見るように言われ、自分が子どもらしく甘えることが許されませんでした。そのため、花子さんは「子どもであるな」という禁止令を受け取り、周りの面倒をよくみる性格に育ちました。そのため、周りの人たちからは喜ばれるのですが、当の本人はストレスが高く、苦しんでいます。なぜなら、花子さんの〈C_1〉（またはA_1）は、「私だって、子どもでいたい」「私の面倒をみてほしい」と言っているからです（図19）。

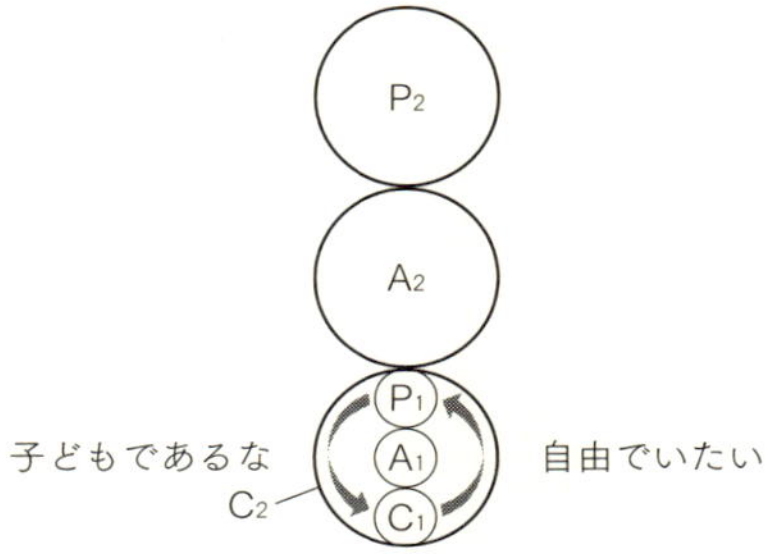

図19　タイプ2のインパス

このようなタイプのインパスの場合、再決断療法のワークは、禁止令を受けた幼児期の場面に戻り、そのときの強い感情を再体験しながら行う必要があります。また、グールディング夫妻は、親の力があまりに強く、クライエントが圧迫されている場合には、クライエントを支持する〈親〉の自我状態やセラピスト、グループ・メンバーらの力を借りたり、新しい〈親〉の自我状態を作ってその支持を得ながら再決断する必要があるとしています。

たとえば、花子さんは、幼児期の場面に戻り、お母さんに「私だって、子どもでいたい」「私の面倒をみてほしい」と言いますが、花子さんがお母さんの椅子に座ってお母さんになると、お母さんは「私だって忙しいのよ。助けてくれてもいいでしょ」と言い、花子さんはそれに圧倒され、何も言えなくなってしまいました。そこで、セラピストは、グループ・メンバーに花子さんに力を与えるように言い、グループ・メンバー全員が花子さんの周りに集まり、花子さんの背中に手を添えて力を送りました。そして、花子さんはついに、「私だって子どもでいる権利がある。私は周りの面倒ばかり見るのではなく、私の自由に生きます」と再決断することができました。

③タイプ3のインパス

タイプ3のインパスは、禁止令があまりに幼い頃に与えられたために、それが禁止令とそれに基づく早期決断の結果であることに気がついておらず、自分は生まれてこのかた、つねに「こういう自分なのだ」と思い込んできた状態を指します。たとえば、自分には生きる価値がないと信じている二郎さんの例を見てみましょう。

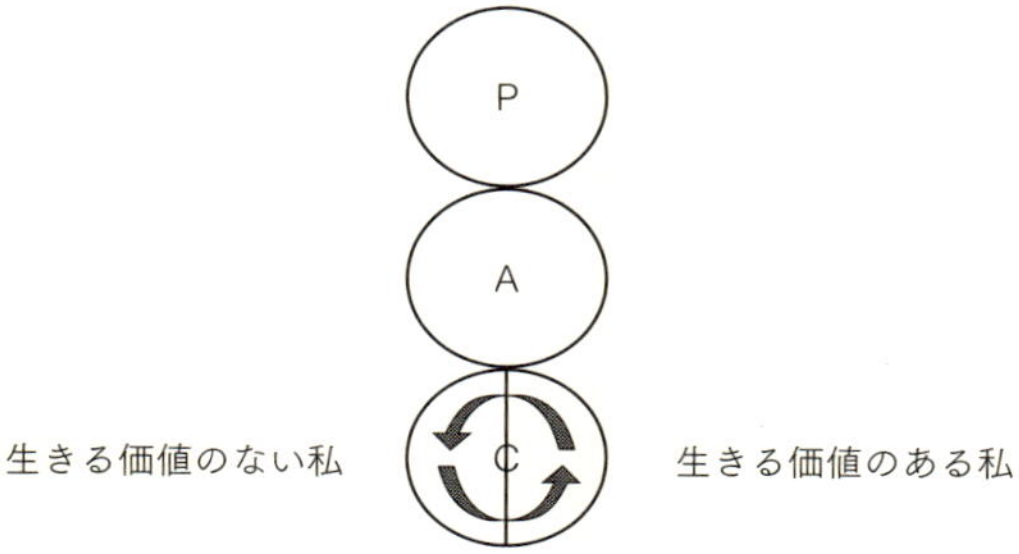

図20　タイプ3のインパス

二郎さんは、自分には生まれつき価値がないと信じていますが、親からそのようなメッセージをもらった記憶はなく、生まれたときからそうなのだと思い込んでいました。そして、慢性的な抑うつ感情に悩んでいたのでした。

この場合、葛藤は〈P〉（〈親〉の自我状態）や〈P_1〉（〈子ども〉の中の〈親〉）との葛藤としては認識されないため、再決断療法のワークとしては親との対話の形をとりません。その代わりに、〈子ども〉の中の〈成人〉の自我状態（小さな教授）の中の〈適応的な子ども〉と〈自由な子ども〉の葛藤と考えます。そして、対話の形をとるのではなく、〈自由な子ども〉の部分をじっくり体験してもらうことを目標とします（図20）。

二郎さんのケースでは、セラピストは二郎さんの〈C〉（〈子ども〉の自我状態）の中の「生きる価値のない私」と「生きる価値のある私」の椅子を置き、それぞれに座ってみるように指示しました。二郎さんは最初に「生きる価値のない私」の椅子に座り、自分が生きる価値のない理由について話しました。次に、「生きる価値のある私」の椅子に座ると、二郎さんは最初は落ち着かない様子で、何も出てこないと言いました。しかし、セラピストが「そこに座って、じっくりと、自分に起きてくることを感じてください」と言うと、次第に二郎さんは落ち着いてきて、やがて涙を浮かべました。セラピストが「何が起きていますか?」と確認すると、二郎さんは「ここに座っていたら、自分の呼吸に気がつきました。そして、自分が今、生きていることに気がつきました。そうしたら、今、生きているということ自体が、生きる価値があるということのように思えてきました」と言いました。そこでセラピストが「私は生きている。そして、生きる価値があると言ってみてください」と促すと、二郎さんは「私は生きています。そして、生きる価値があります」と言いました。グループ・メンバーからは大きな拍手がおくられました。

前述した三つの例からもおわかりのように、インパスの解決のために、再決断療法ではゲシュタルト療法のエンプティ・チェア技法を用いることが多いです。それは、インパスが生じている場面を「今・ここ」で再現し、その際の感情を再体験しながら、同時にそのときに感じていた本当の感情を表現し、完結させることによって、クライエントの〈FC〉(自由な〈子ども〉の自我状態)を活性化させ、それと〈A〉(〈成人〉の自我状態)を働かせることで、再決断をすることができるからです。しかし、エンプティ・チェア技法以外にも、サイコドラマやイメージを用いたワーク、ボディ・ワークなど、さまざまな技法を用いることが可能です。そのいくつかは、第3部でご紹介します。

（3）再決断への準備

問題となる場面を再現し、クライエントが早期決断をしたときの状況を理解することができたら、まず第一に、その時点ではその決断をしたことが、クライエントにとっては最善の、賢いやり方だったことを伝えます。どんな子どもにとっても、親のサポートなしには生きていくことができないため、親のさまざまなメッセージに適応して生き延びることがその時点での最大の課題だったのです。早期決断は、そのための子どもの智恵であり、そのときの子どもにとっては最善の選択だったのです。そのことをきちんと認められることが、クライエントにとってのストロークになります。

次に、それでもその決断が、現在の問題を引き起こしていることを確認します。そして、そのうえで、早期決断とそれに基づく脚本を変えたいかどうかを尋ねます。そして、クライエントがそれを望めば、再決断のワークに入ります。

慢性的な抑うつ感に悩む雪子さんは、祖父母の家に預けられ、我慢して良い子にしていなければいけなかった幼児期の場面を再現しています。

雪子：本当はおじいちゃんの家にいるのは嫌だったけれど、それを言うとお母さんが困ると思って我慢していました。

セラピスト：そのとき、どんなことを決めましたか？

雪子：自分さえ我慢していればいいんだと。嫌なことがあっても、言うのはやめようと決めました。

セラピスト：それで、嫌なときでもそう言わずに、良い子でいることにしたんですね。そのときの雪子さんとしては、お母さんを困らせず、自分も怒られないようにするための最善の選択だったんですね。賢い子どもでしたね。

雪子：（涙を流している）

セラピスト：それで、今でも嫌なことがあっても、いつも我慢しているんですね。これからもずっとそれを続けますか？

雪子：嫌です！

セラピスト：代わりにどうしますか？

雪子：自分の気持ちに正直に生きたいです。

（4）再決断のワークをする

再決断のワークでは、セラピストは、クライエントが再現した問題となる場面（特に幼児期の場面）で、**そのときには言えなかったこと、できなかったことを、「今・ここ」で実行することを援助します**。これによって、未完結だった問題が完結し、クライエントには〈自由な子ども〉のエネルギーがわいてきます。そして、そのうえで、セラピストは、クライエントがこれからの生き方について、**今、利用できる資源をすべて活用して、早期決断と異なる再決断を行うことを援助します**。その際に、次のような点に注意をします。

①クライエントのパワーを信用し、責任を強調する

クライエントはしばしば、自分には言えない、できないと思い込んでいます。セラピストは、クライエントの能力を信じて、クライエントに「今・ここ」で、言えなかったことを言い、できなかったことをするように促します。そして、同時に、そうするにしても、しないにしても、それはクライエントの選択であり、責任であることを伝えます。

②保護的な状況を創り出す

セラピストは、「今・ここ」で、クライエントが今までとは違う言動をしても、安全であることを保証します。そのためには、ここで起きたことでクライエントが非難されたり、あとで

嫌な体験をしたりしないように、守秘義務などのルールを徹底することも必要です。また、クライエントが力を発揮できないときには、クライエントが望めば、セラピストやグループ・メンバーの力を貸すこともできます。

③使われていない自我状態に注目し、活性化する

クライエントが、言えなかったこと、できなかったことを、「今・ここ」で実行しようとしているときに、セラピストはクライエントの自我状態を観察し、「今・ここ」で使われていない自我状態はないか注意をします。問題となる場面を再現したとき、クライエントの自我状態は〈ＡＣ〉（適応的な子ども）や〈ＲＣ〉（反抗的な子ども）である場合が多く、他の自我状態は機能していない場合が多いのです。そこで、セラピストは、特にクライエントの〈ＦＣ〉（自由な子ども）と〈Ａ〉（成人）を活性化し、それらを用いることを促します。また、必要があれば、クライエントを保護する〈ＮＰ〉（保護的な親）や、ときには相手を非難する肯定的な〈ＣＰ〉が機能するように促すこともあります。なお、これらの自我状態を活性化するために、活用可能なゲシュタルト療法等の手法は何でも活用します。

（5）アンカリング

アンカーとは錨《いかり》を意味する英語であり、アンカリングとは錨をおろすことをいいます。再決断療法でアンカリングというときには、自分の記憶の中に再決断した新しい決断を固定し、根付かせることをいいます。そのために、セラピストは次のような関わりをします。

①新しい決断を祝う

クライエントが今まで言えなかったことやできなかったことを、「今・ここ」で言ったりしたりしたら、それにストロークをすることが大切です。そして、クライエントが今までの決断とは異なる新しい決断（再決断）をしたら、セラピストはグループ・メンバーとともにそれを拍手などで祝います。グールディング夫妻は、子どもが親の禁止令に従うのは、親からのストロークを得るため、またはそれを失わないためであるとしています。そして、脚本に基づくネガティブな感情や生き方をストロークすることは拒否し、クライエントが過去の束縛から脱却して「新しい健康な生き方をする」と再決断した際には惜しみなくポジティブなストロークを与えることの重要性を強調しています。

②新しい決断をアンカリングできるようなユーモラスな言葉を見つける

再決断を祝ったら、クライエントがワークを通じて変化を達成したときの勝利感を〈ＦＣ〉（自由な子ども）に記憶させるための言葉や品物を見つけます。それは、再決断をしたときの写真でもいいし、その日の帰り道に何かを買うのでもかまいません。

あるいは、ユーモアを用いて、〈ＦＣ〉（自由な子ども）を活性化するような言葉を見つけることもあります。たとえば、再決断する前の自分を「ウジウジくん」、再決断した後の自分を「イキイキくん」と名づけて、「ウジウジくん」が出てきそうになったら、「イキイキくん」を思い出すようにしたり、自分の生き方を見つけた後に「マイウェイ」の歌を歌ったりなど、クライエントにとってこの体験を思い出せるものなら何でもいいのです。昔の自分に戻りそうになったときに、それに触れたり思い出したりすることを通じて、新しい自分を確認できることが大切です。

③これまで行き詰まりを感じていた場面で、新しい決断に基づいてどのように行動するかを語って（行動して）もらう

幼児期の場面に戻って再決断をしたら、現在問題となっている場面に戻って、新しい決断に基づいた行動をしてもらいます。これによって、新しい決断を、自分の中になじませることができます。また、再決断が、現在の問題解決に役に立っているかどうかを確認することができます。

④〈成人〉を活用し、生活の場面で、新しい決断を強化する計画を作成する

さらに、今後、問題となるような場面が生じたら、どのように行動できるかを、クライエントの〈成人〉の自我状態を用いて、計画してもらいます。これによって、再決断によって身についた新しい行動を、生活場面に適用していく準備ができます。もし、継続してクライエントと面接をしているような場合には、次回の面接時に、実際に生活場面で新しい決断をどう活かせたかを確認し、それをストロークします。

前述の雪子さんの例

雪子：自分の気持ちに正直に生きたいです。
セラピスト：それでは、お母さんに、自分の気持ちを正直に伝えてください。
雪子：（お母さんの空椅子に向かって）お母さん、私、本当はおじいちゃんの家にいるのが嫌なの。お母さんのそばにいたいの。
セラピスト：お母さんの椅子に座って、お母さんになって、答えてください。
雪子（母）：ごめんね。あなたに無理ばかりさせて。お母さんもあなたと一緒にいたいのよ。でも、仕事をしなければいけないから。本当にごめんね。（涙）
セラピスト：雪子さんの椅子に戻って。
雪子：私、お母さんが大変なのはわかっていたの。だから、ずっと我慢していたわ。だけど、もう嫌なの。自分の気持ちに正直に生きたいの。
セラピスト：お母さんの椅子に座って。

雪子（母）：もう我慢しなくていいのよ。あなたには正直に生きてほしい。
セラピスト：雪子さんの椅子に戻って。
雪子：ありがとう。私、これからは、自分の気持ちに正直に生きます。
グループ・メンバー：（拍手）
セラピスト：これから、抑うつ感を感じたらどうしますか？
雪子：何か自分が我慢していることはないか考えてみます。そして、それを見つけたら、自分の正直な気持ちを確かめます。必要があれば、それを相手に言います。
セラピスト：グループの誰かに、今の自分の正直な気持ちを言ってみて。
雪子：（グループメンバーの風子に対して）私は今、とても爽快です。ああ、なんだかとっても自由です。うれしいです。（涙）
グループ・メンバー：（拍手）
セラピスト：今の感じを言葉で表すとしたら？
雪子：風のようです。そよ風がふいています。
セラピスト：そよ風の雪子さんですね。その感覚を覚えておいてくださいね。
雪子：はい。
セラピスト：ワークを終わりにしていいですか。
雪子：はい。ありがとうございました。

グループ・メンバー：（拍手）

4　再決断療法の特徴

これまで、再決断療法がどのように行われるかについてお話ししてきました。それでは、このような再決断療法には、他の心理療法と比べて、どのような特徴があるのでしょうか？　再決断療法の特徴は、次のような点にあります。

（1）契約の重視

再決断療法では、最初にクライエントに「今日、ここで何を変えたいか」を尋ね、ここで何をするかについての契約を明確にします。前述のとおり、これは、「人は誰でもＯＫな存在である（I'm OK. You're OK.）」「人は誰もが考える力を持つ」という交流分析の哲学と、「クライエントの自律性を重視し、対等な責任性を求める」という交流分析の目標を具現化したものです。また、契約を明確にする過程で、クライエントの脚本に基づく言動が見られることが多く、それを見逃さずに直面化していくことが可能になります。

（2）理論的枠組みによるアセスメントに基づく意図的な介入

再決断療法では、自我状態モデルと脚本モデルを中心とした交流分析理論によるアセスメントを行い、それに基づく介入を行います。これは、来談者中心療法やゲシュタルト療法など、他の人間性心理学的な心理療法と異なる特徴です。

（3）目的を持った介入

再決断療法では、交流分析の理論に基づく自律性（気づき、自発性、親密さ）、脚本から自由になる、問題解決、新しい選択を学ぶという明確な治療ゴールを持ち、それを目指した介入を行います。

（4）認知的な理解だけでなく、感情を重視したアプローチ

再決断療法では、〈成人〉の自我状態による理解だけでなく、〈子ども〉の自我状態のパワーを重視します。そのために、ゲシュタルト療法を中心として、さまざまなチェア・ワーク、サイコドラマ、イメージやファンタジーの利用、自己再育児法（M. James, 1974）、夢のワーク、ボディ・ワーク、アートの活用など、さまざまな技法を活用します。

（5）決断モデル

再決断療法において、クライエントは、早期決断に気づき、今、利用できる資源をすべて活

用して再決断を行うことを目指し、セラピストはそれを援助します。これは、「人は自分の運命を決め、そしてその決定は変えることができる」という交流分析の哲学（決断モデル）に基づいています。

（6）グループの力の活用

再決断療法のワークは一対一の個人療法で行われることもありますが、通常はグループの中で個人ワークを行う形で行われます。これは、次のようなグループの力を活用するためです。

①他のメンバーがワークを行なうのを見ることができる

クライエントは、最初はグループ・メンバーの前で自分の問題をワークすることに抵抗を感じることが多いですが、他のグループ・メンバーがワークを受けて、自分に向き合おうとしている姿を見て、次第に安心感を持つようになります。また、グループであることで、自分がワークをしたくないときにはしなくてもよい自由があり、他のグループ・メンバーのワークを見ながら参加することができます。さらに、自分がワークをしなくても、他のグループ・メンバーのワークを見ていることで、一緒にワークを受けているような体験をすることもあり（効果の相互感化）、それで自分の問題が解決してしまうことも少なくありません。

②グループ・メンバーからのストロークを得られる

クライエントは個人ワークを行う際、グループ・メンバーの温かいストロークを感じながら、ワークを行うことができます。また、ワークを終えた後、グループ・メンバーからおくられるストロークは、クライエントの力となります。

③多様な転移反応を扱うことができる

グループにはさまざまな人がいるため、クライエントは父親に似た人、母親に似た人、兄弟姉妹に似た人などに対して、さまざまな感情（転移反応）を感じることができます。その結果、クライエントはさまざまな感情に関するワークを行うことができるようになります。

④サイコドラマ等でグループ・メンバーを活用できる

セラピストはときに、問題となる場面を再現するために、サイコドラマなどの技法を用い、他のグループ・メンバーにクライエントの家族になってもらったり、クライエントのイメージするものになってもらったり、ときにはクライエント自身になってもらったりすることがあります。これは、個人療法ではできない、グループのメリットです。

⑤クライエントが新しい実験をする場を提供する

クライエントが再決断を行った後、実際に生活場面でそれに基づく行動を行う前に、グループ・メンバーに対して、再決断に基づく行動を行ってみることができます。これによって、クライエントは、安心した環境の中で自分を試すことができ、自信を持つことができます。

V　第2部のまとめ

1　再決断療法は、一九六〇年代に、グールディング夫妻が、エリック・バーンの交流分析とフリッツ・パールズのゲシュタルト療法を統合して創始した心理療法である。

2　交流分析では、現在の問題は、幼児期に生き延びるために決断（早期決断）した生き方（脚本）に、今でもとらわれていることから起きると考える。そして、それはいつでも新しい決断（再決断）をすることによって変えることができ、脚本から脱却して、今使える資源を十分に使い、自律的な行動をとることを目標とする。

3　ゲシュタルト療法では、現在の問題は、過去に完結していない欲求や感情体験へのとらわれから起きるものと考え、今・ここで、身体感覚や感情に焦点を当てることで未完結な欲求や感情に気づき、それをありのままに認め、完結することによって、本来人間に備わっている自己調節機能（ホメオスターシス）や気づきのサイクルが機能するように援助する。

4　グールディング夫妻は、真の変化のためには、認知面と感情面の両方の変化が必要であると考え、ゲシュタルト療法による感情的な体験を、交流分析によって認知的に理解することによって、クライエントに治療的な変化が起きることに気づき、交流分析とゲシュタルト療法を統合した再決断療法を生み出した。

5　再決断療法は、子どものときに行った早期決断を、ゲシュタルト療法を用いたワークでそのときの感情を再体験しながら、〈自由な子ども〉の自我状態のパワーと〈成人〉の自我状態による現実吟味を用いてやり直す（再決断）ことで、古い脚本から脱却するものである。

6　再決断療法は、①契約、②問題となる場面を再現する、③再決断への準備をする、④再決断のワークをする、⑤アンカリングという手順で行われる。

7　再決断療法の特徴は、①契約の重視、②理論的枠組みによるアセスメントに基づく意図的な介入、③目的を持った介入、④認知的な理解だけでなく、感情を重視したアプローチ、⑤決断モデル、⑥グループの力の活用、にある。

第3部　再決断療法のさまざまなワーク

第3部では、再決断療法の実例をご紹介します。最初は、典型的な再決断のワークを二つの事例で紹介します。第2部でお伝えした理論が、実際のワークの中でどのように使われているかを見ていただければと思います。次に、再決断療法の考え方を活用したさまざまなワークやエクササイズをご紹介します。こちらはいわば、再決断療法の応用編となりますが、基本的な考え方は同じであることにご注目ください。

I　再決断療法の実例

1　男性と父親との葛藤

秋男さん（仮名）は、五二歳の公務員です。再決断療法ワークショップの開始時には、「自信が持てない自分を変えたい」と言っていました。

私：秋男さんは今日、ここで、自分の何を変えたいですか？
秋男：自信を持てない自分を変えたいんです。
私：もう少し、どんな状況なのか教えてください。

秋男さんの話では、秋男さんは一流大学を卒業し、現在は福祉関係の仕事をしているのですが、自分の仕事に自信が持てないと言うのです。必要な資格を取るために一生懸命に勉強して資格も取り、周りの同僚からは信頼されている秋男さんですが、仕事上のちょっとしたミスでも、深く落ち込んでしまうのだそうです。

私：最近、自信がないと感じた場面を思い出せますか？
秋男：実は昨日も、仕事の相手を上手に説得することができず、相手が怒って帰ってしまったんです。
私：そのとき、どんな感じがしましたか？
秋男：絶望的な気分で、死にたくなりました。どうして自分はダメなんだろうと思いました。
私：それは、なじみのある感じですか？
秋男：よく、こういう気分になります。

私：いつ頃からですか？
秋男：小さい頃からだと思います。
私：どんなことを思い出しますか？
秋男：父親に怒られていたときのことを思い出します。私は小さい頃から野球をやっていたのですが、エラーをしたり、打てなかったりすると、よく父に怒られました。
私：（秋男の前に空の椅子を置き）ここにお父さんを座らせて、その場面を思い出し、そのときの秋男さんになってください。秋男さんはエラーをして、お父さんに怒られています。どんな風に感じていますか？
秋男：緊張しています。
私：肩に力が入っていますね。それを感じて、力を入れてください。肩はなんて言っていますか？
秋男：くそーっ！　ぼくだって一生懸命にやっているんだ。怒らなくたっていいじゃないか。
私：それをお父さんに伝えてください。
秋男：ぼくだって一生懸命にやっているんだ。怒らなくたっていいじゃないか。
私：声が小さくなっているのに気がついていますか？　何が起きているんでしょう？
秋男：怖いんです。お父さんに楯突いたら、もっと激しく怒られるんです。
私：それで、言えなかったんですね。代わりにどうしたんですか？

秋男：我慢していました。
私：どうやって我慢していましたか？
秋男：自分が悪いんだ。もっともっと努力しなければいけないんだって……。それで、エラーをしないように、一生懸命に練習しました。でも、試合になると緊張してしまい、エラーをしてしまうんです。それでまた、父に怒られて……。
私：それでもそのときは、お父さんに認められるために一生懸命だったんですね。それが最善の方法だったんですね。
秋男：はい。
私：それで、今でも、一生懸命にやっていても、ちょっと失敗すると落ち込んでしまうんですね。そして、自信が持てない。
秋男：確かにそうです。
私：どうしたいですか？
秋男：一生懸命にやっていることを認めてもらいたい。
私：そうお父さんに伝えてください。
秋男：ぼくだって一生懸命にやっているんだ。それを認めてくれたっていいじゃないか。
私：お父さんは認めてくれましたか？
秋男：全然ダメです。お前の努力が足りないんだと言っています。

私：お父さんが認めてくれるまで続けますか？
秋男：もう嫌です。疲れました。
私：それをお父さんに伝えてください。
秋男：お父さん。ぼくはもう疲れたよ。お父さんの期待には応えられないよ。ぼくはぼくなりに一生懸命にやっているんだ。それで十分だよ。
私：言ってみて、どうですか？
秋男：なんだか楽になりました。そうか。自分で認めていればいいんですね。父に認められなくても。
私：声が元気になっていますね。それをお父さんに伝えてください。
秋男：お父さん。ぼくはもう、お父さんに認められようとするのをやめて、自分で自分を認めるようにするよ。
私：もし、仕事で失敗したらどうしますか？
秋男：失敗はあると思いますが、それで自分を責めるのはやめようと思います。自分なりに一生懸命やっていることを、自分で認めてあげようと思います。
私：グループのみんなにもそれを伝えてください。
秋男：（立ち上がって）ぼくはもう、自分を責めません。一生懸命にやっている自分を、自分で認めます。

私：今、どんな気持ちですか？
秋男：元気が出てきました。
私：これで終わりにしていいですか？
秋男：はい。ありがとうございました。
グループ・メンバー：（拍手）

秋男さんは、厳しいお父さんから「生存するな」「成功するな」の禁止令を受け、「自分の成果を喜ばなければ生存してよい」という状態でした。また、「一生懸命に努力せよ」というドライバーを受け、一生懸命に努力することで、禁止令を隠していたようです。しかし、ちょっとした失敗をすると、努力が足りないと感じ、「生存するな」という禁止令に直面するため、自分はダメと感じて落ち込み、「成功するな」に従って自信を持てない状態でいることで、「生存するな」を隠していたようです。

秋男さんの早期決断は、「自分はお父さんが認めてくれるまでは、自信をもたない」でした。そうやって、お父さんに認められようとして、一生懸命努力しているのが、秋男さんにとっては最善の策だったのです。しかし、再決断のワークでそれに気づいた秋男さんは、お父さんに認められなくても、自分で自分を認めてよいと再決断しました。これによって、たとえ失敗があったとしても、自分で自分を認め、自信を持って良いこと、生存して良いことを確認したのです。
今後も秋男さんが一生懸命努力することは続くと思いますが、もう今までのように、駆りたてられたり、失敗して深く落ち込むことはないでしょう。

2　女性と母親との葛藤

冬子さんは、四二歳の主婦です。再決断療法ワークショップ開始時の契約は、「娘との関係をなんとかしたい」でした。

私：冬子さんは今日、ここで、自分の何を変えたいですか？
冬子：中学二年生の娘との関係をなんとかしたいんです。
私：もう少し、どんな状況なのか教えてください。

冬子さんの話では、冬子さんには中学二年生の娘がいて、小学校時代には親の言うことをきく良い子だったのですが、中学入学後、反抗するようになったとのことです。そして、帰りが遅くなる娘に対して、冬子さんは激しく怒るのですが、そうすると娘はますます反抗し、収拾がつかなくなってしまいます。夫に相談しても、「お前が言い過ぎるからいけないんだ」と言われ、冬子さんはますます嫌な気持ちになるのだと言います。

私：どのようになりたいですか？

冬子：娘がもう少し私の言うことをきいてくれればいいのですが……。

私：交流分析では、相手のことは変えられないと考えています。冬子さん自身はどう変わりたいですか？

冬子：小学校時代のように、娘と仲良くしたいです。

私：そのために冬子さんはどう変わりますか？

冬子：娘を信じて、うるさく言わなければいいのかもしれませんが、信じられないんです。悪い方向に行くのではないかと思って。

私：（冬子の前に空の椅子を置いて）この椅子に娘さんを座らせて、「あなたは私がうるさく言わなければ、悪い方向に行くのよ」と言ってください。

冬子：あなたは私がうるさく言わなければ、悪い方向に行くのよ。

私：娘さんは何と言っていますか？

冬子：お母さんがうるさく言うから、私は反発するんだと言っています。

私：それを聞いてどうですか？

冬子：悲しいです。誰も私の言うことは聞いてくれないんだと。

私：誰も自分の言うことは聞いてくれないと思って悲しいんですね。それは、よく感じる気持ちですか？
冬子：はい。
私：いつからですか？
冬子：小さい頃からです。
私：小さい頃、誰が冬子さんの言うことを聞いてくれなかったんですか？
冬子：母です。
私：どんなことが頭に浮かんでいますか？
冬子：母は厳しい人で、私が何を言っても、「わがままだ」と言って、聞いてくれませんでした。小さい頃から塾に通わされ、仲の良い友だちに誕生日会に誘われて、「今日だけだから」と私が言っても、決して行かせてくれませんでした。
私：本当はお母さんに、どう言いたかったんですか？
冬子：一日くらい休ませてくれてもいいじゃない。少しくらい私の自由にさせてよ。
私：（冬子の前に別の空の椅子を置き）この椅子にお母さんを座らせて、そう言ってください。
冬子：少しくらい私の好きにさせてよ。いつもいつも我慢ばかりさせられて、少しは私の言うことも聞いてよ。私はお母さんの奴隷じゃないのよ。
私：お母さんの椅子に座って、お母さんになって答えてください。

冬子（母）：あなたはわがままなのよ。そうやって自分の好きなことばかりやっていたら、楽なほうに流れることを覚えてしまうのよ。私の言うことを聞きなさい。

私：お母さん。子どもが遊びたいと思うのは当然だと思いますが……。なぜ、遊ぶと楽なほうに流れると思うんですか？

冬子（母）：私もそう言われて育ちましたから。我慢して生きてきたから、今の自分があるんです。この子にも、私のように生きてほしいんです。

私：冬子さんにそう伝えてください。

冬子（母）：遊び癖をつけて後悔するのはあなたなのよ。我慢して勉強していれば、必ず結果に結びつくのよ。

私：冬子さんの椅子に戻ってください。何を感じますか？

冬子：結局、私の言うことは聞いてもらえないんだと……。むなしいです。

私：これからどう生きようと考えていますか？

冬子：お母さんの言うことを聞くしかないと思っています。我慢するしかないと。

私：それで、お母さんに従うことを決めたんですね。そのときには、お母さんとうまくやっていくためには、それが最善の策だったんですね。賢い子どもでしたね。これからもずっと、お母さんの言うことを聞いて、我慢して生きていきますか？

冬子：嫌だけど、そうやって我慢してきたから、今の自分があるようにも思います。

私：それでは、お母さんにこう言ってください。「お母さん、あなたが私に我慢させてくれたから、今の私があります。ありがとう。そして、これからも、ずっとあなたの言うことを聞いて、我慢して生きていきます」と。

冬子：お母さん、あなたが私に我慢させてくれたから、今の私があります。ありがとう。そして、これからも、ずっとあなたの言うことを聞いて、我慢して生きていきます。

私：どんな感じですか？

冬子：何か、嫌な感じです。

私：付け加えて、こう言ってください。「私はお母さんの言うことを聞いて、我慢して生きていきます。そして、お母さんが私に我慢をさせたように、私も娘に我慢させて、お母さんや私と同じように生きさせます」と。

冬子：嫌です。すごく不自由な感じがします。

私：どうしたいですか？

冬子：お母さんの言うことも聞くけれど、自分の生き方は自分で決めたいです。

私：お母さんにそう言ってください。

冬子：お母さん、お母さんの言うことも聞くけれど、私の生き方はもう、私が決めます。

私：言ってみてどうですか？

冬子：少し楽になりました。

私：娘さんには何と言いたいですか。
冬子：お母さんは言いたいことは言うけれど、あなたの生き方はあなたが決めなさいと。
私：そう、娘さんに伝えてください。
冬子：お母さんは言いたいことは言うけれど、あなたの生き方はあなたが決めなさい。
私：娘さんは何と言っていますか？
冬子：なんだかホッとした顔をしています。
私：娘さんを見て、あなたはどうですか？
冬子：嬉しいです。
私：そんな風に、お互いに話し合えるといいですね。
冬子：そうですね。これからはうるさく言わないで、私の気持ちを伝えたら、後は娘に任せようと思います。
私：これで終わりにしていいですか？
冬子：はい。
グループ・メンバー：（拍手）

冬子さんは、母親から「生存するな」「考えるな」といった禁止令を受け、「考えなければ生存していい」という状態でした。また、母親を「喜ばせろ」というドライバーが、禁止令を隠してきたものと思われます。そして、冬子さんは、「我慢して母親に従う」という早期決断をして、それに基づく脚本に従ってきたのです。冬子さんの母親もまた、そうやって生きてきており、そこには「世代間伝達」が見られます。そして、冬子さんもまた、母親と同じように、自分の娘に「我慢して従う」ことを求めていたのです。これに対して、娘が反抗したため、冬子さんは脚本どおりに生きられなくなって混乱するとともに、再び「自分の言うことを聞いてもらえない」という怒りがよみがえり、本来であれば母親にぶつけるべき怒りを、娘にぶつけていたものと考えられました。

そこで、再決断のワークでは、母親に対して未完結であった自己主張をしてもらい、その結果冬子さんは「自分の生き方は自分で決める」という再決断をしました。そして、そのような再決断をした自分で娘に向き合ったときに、娘にもまた、冬子さんの言いたいことは言いながらも、「あなたの生き方はあなたが決めなさい」と言うことができたのです。

II　さまざまなワーク

1　訣別のワーク

訣別のワークとは、なくなったもの、失ったものに別れを告げることを指します。私たちが何か新しい生き方に踏み切れないとき、なくなったもの、失ったものに対する思いが未完結になっている場合があります。たとえば、別れた恋人に別れを告げていないと、新しい恋愛をすることは難しくなります。新しい恋愛を始めようとしても、「また別れることになるのではないか」と考え、自分では気がつかないうちに相手を試すような態度をとったり、異性に接するのを避けたりします。

つまり、エネルギーが過去にとらわれて、現在のために使われていないのです。このような場合、過去（人、もの）に別れを告げて、思いを完結させる必要があります。

別れを告げる相手は、死んだ人には限りません。流産した子ども、別れた恋人や友人、会ったことのない親、自分の野心や夢、仕事、故郷、以前住んでいた家、場所、手術やけが、病気などで失った身体の部分や能力、離婚した相手、加齢によって失ったもの、そして脚本に従って生きていた私などが、別れを告げる相手になります。

訣別のワークは、次のような手順で行います。

①事実を確認する

大切な人（もの）を失った人は、しばしば「もう少し自分が……していれば」「もっとしてあげられたことがあったのではないか?」などと考え、失ったという事実を認めることができません。失った人(もの)を美化して、自分が悪かったと責めることも少なくないのです。失った人(もの)にとらわれて、今、目の前にいる人(もの)を大切にできない場合もあります。まずは、失ったという事実を認め、それは悲しいけれど誰のせいでもないことであると確認する必要があります。

②未完結の問題を確認する

失ったという事実を確認したら、その人(もの)との思い出をふり返ります。そして、その人に言いたくて言えなかったことは何か。したくてできなかったことは何かを確認します。そして、まず、死んでしまった(あるいは去って行ってしまった)ことへの怒りや恨みを表現します。次に、その人(もの)に対する感謝を伝えます。

③別れを告げる

怒り(恨み)と感謝を伝え終えたら、その人(もの)に「さようなら」を伝えます。

④喪に服す悼みの時期

別れを告げた後は、その人にとって必要なだけ、喪に服し、その人(もの)を悼む時間をとります。

⑤喪を終え、今日への挨拶をする

これから自分がどう生きるかを決断します。

（例）幸子（六一歳、仮名）

私：幸子さんは今日、ここで、自分の何を変えたいですか？

幸子：実は、三年前に母が亡くなって、それから何をしていてもやる気がでないんです。昨年定年退職をして、時間ができたので、前からしたいと思っていた心理学の勉強をしようと思い、こうやってワークショップに出てきたりもしているんですが、やはりどこか楽しめない自分がいて……。

私：どう変わりたいですか？

幸子：何か楽しんでできるようになりたいです。

私：それをどうやって止めていますか？

幸子：何か、自分だけ楽しんでは、母に悪いような気がしているのかもしれません。

私：自分だけ楽しんではお母さんに悪いので、楽しまないと決めているんですね？

幸子：そうかもしれません。

私：ずっと、そのままでいますか？

幸子：いいえ。自分の人生を楽しみたいです。

私：それでは、お母さんに別れを告げるワークをしましょう。いいですか？

幸子：はい。

私：お母さんはどんな人だったんですか。

幸子：優しい人でしたね。いつも自分のことよりも家族のことを考えて、私たちの面倒をみてくれました。

私：どうして亡くなったんですか？

幸子：胃がんです。発見されたときにはもう転移していて手遅れで。それでも二年は生きたんですけれど……。もう少し早く気づいてあげられればよかったんですけど、母は田舎で一人で暮らしていて、私もそのときは働いていたので、母と会うことも少なかったんです。

（涙）

私：涙は何と言っていますか？

幸子：ごめんなさい。

私：何をごめんなさい？

幸子：もっと早く気づいてあげればよかったのに……。

私：私たちは生きていれば、いずれはみな死んでいきます。それは悲しいことだけれど、避けられないことですよね。幸子さんがお母さんのガンに早く気がつくことができたのか、早く気がつけば治すことができたのか、誰にもわかりません。しかし、人はみな、いずれは必ず死ぬ。これは真実です。（幸子の前に空の椅子を置いて）幸子さん。この椅子にお母さんを座らせて、言いたかったことをすべて言ってください。

幸子：お母さん、ガンを早く見つけてあげられなくてごめんなさい。もっと一緒にいてあげられなくてごめんなさい。私、もっとお母さんと一緒にいたかったの。いろんな話をしたかった。もう少し生きてくれれば、私も仕事が終わって、一緒にいられたのに……。

私：悔しい？

幸子：悔しい。何でもう少し生きてくれなかったの。一緒にいたかった……。

私：それでも、お母さんが亡くなったという事実は変わりませんね。お母さんにお別れを言う準備はできましたか？

幸子：はい。

私：それでは、まず、お母さんに、これまでのお礼を言ってください。

幸子：お母さん。これまで私たちに優しくしてくれてありがとう。私がつらかったとき、いつも私の話を聞いて、励ましてくれてありがとう。私の子どもたちが小さかったとき、子育てを手伝ってくれてありがとう。一緒に暮らしていなくても、いつも気にかけていてくれてありがとう。

私：十分にお礼を言えましたか？

幸子：はい。

私：それでは、お母さんに「さよなら」を言ってください。

幸子：お母さん。さようなら。私、これからは一人で生きていきます。天国から、見守ってい

てください。さようなら。（しばらく、静かに時間が流れる）
私：もう、お母さんの椅子を下げてもいいと思ったら、言ってください。
幸子：はい。（しばらくして）もう大丈夫です。
私：（母親の椅子を下げて）さぁ、幸子さんはこれから、どんな人生を送りますか？
幸子：私、これからの人生を楽しんでいきます。きっとお母さんも、それを喜んでくれると思うんです。
私：いいですね。まず最初に何をしますか？
幸子：このワークショップの残りの時間を楽しみます。
私：このワークはこれで終わりにしていいですか？
幸子：はい。
グループ・メンバー：（拍手）

幸子さんはこのワークの後、それまでの表情とはまったく違い、本当に楽しそうに過ごしていました。

2　サイコドラマを用いたワーク

再決断療法では、サイコドラマの手法を用いることもあります。サイコドラマとは、ジェイコブ・レヴィ・モレノによって創始された集団精神療法で、クライエントが置かれた状況を演劇の形で再現することで、クライエントの気づきを促す技法です。この場合、グループ・メンバーから配役を選び、それぞれの役を演じてもらいます。

（例）一夫（四六歳、仮名）

私：一夫さんは今日、ここで、自分の何を変えたいですか？
一夫：人に近づくことが怖い自分を変えたいんです。
私：もう少し教えてください。
一夫：どんなときでも、自分から人に近づいて声をかけることが怖いんです。たとえば、懇親会のような場面でも、いつも誰とも話せず、一人になってしまうんです。
私：どのように変わりたいですか？
一夫：自分から話しかけて、仲良くなりたいです。
私：あなたの何がそれを邪魔していますか？
一夫：話しかけると、その人の邪魔をしてしまって、嫌われるのではないかと思うんです。
私：それで、嫌われないように、近づかないんですね。
一夫：はい。

私：そのとき、どんな気持ちですか？
一夫：寂しいです。
私：その寂しさを感じてください。それはなじみのある感情ですか？
一夫：はい。
私：いつから？
一夫：小さい頃からです。
私：どんな場面が浮かびますか？
一夫：今、浮かんできたのは、家族で何か家族会議のようなことをしていて、私が近づいたら父親に「お前はあっちに行っていなさい」と言われた場面です。
私：何歳くらいのときですか？
一夫：五歳くらいだと思います。
私：家族というのは？
一夫：父親、母親、六歳年上の姉です。
私：その場面を再現してもらってもいいですか？
一夫：はい。
私：このグループから、父親役、母親役、姉役を選んでください。
一夫：（グループ・メンバーからそれぞれの役を選ぶ）

私：父親役、母親役、姉役の人は、ここで家族会議をしてください。一夫さんが近づいて行ったら、父親役の人は「お前はあっちに行っていなさい」と言ってください。
一夫：（家族に近づく）
父親役：お前はあっちに行っていなさい。
一夫：（少し離れ、つらそうな表情をしている）
私：今、どんな気持ちですか？
一夫：何で自分はいてはいけないのかわからず、ショックを受けています。悔しいような感じです。
私：それをお父さんに伝えてください。
一夫：何でぼくだけのけ者にするんだよ！　何で一緒にいちゃあいけないんだよ。
私：父親役の人は答えてください。
父親役：今、お姉ちゃんの学校のことで、大事な話をしているんだよ。お前には関係ない話だから、聞かせる必要はないんだよ。
私：それを聞いてどんな感じですか？
一夫：何だ、そうなんだという感じです。でも、別に自分がいてもいいような気もします。
私：お父さんにそう言って。
一夫：わかったけど、自分も一緒にいてもいいじゃない。

父親役：お前に余計な心配をさせたくないし、お姉ちゃんのことだから、お前が聞く必要はないんだよ。
姉役：私は、できれば弟には、聞いてほしくない。私の個人的なことだから。
母親役：かわいそうだけど、お姉ちゃんの気持ちもあるから……。
私：みんなの話を聞いてどうですか？
一夫：お姉ちゃんがその頃、学校でいじめられていたという話を聞いたことを思い出しました。お姉ちゃんの気持ちもわかるような気がします。
私：そのときは、事情がわからず、のけ者にされたと感じたんですね。それで、もう近づかないようにしようと決めたんですね。
一夫：近づけば、絶対に嫌われると思っていました。
私：五歳の子どもからすれば、それが最善の策だったんですね。しかし、そのために、今でも人に近づくと、嫌われると思ってしまう。このままそれを続けますか？
一夫：いいえ、近づいて行って仲良くなりたいです。
私：それでは実験してみましょう。父親役、母親役、姉役の人は、「私は〇〇です。一夫さんのお父さん（お母さん、お姉さん）ではありません。一夫さんのお父さん（お母さん、お姉さん）の役をおります」と言って、役をおりてください。
（それぞれの配役は、役をおりる）

私：それでは一夫さん。このグループの誰かに近づいて行って、話しかけてください。
一夫：(グループ・メンバーの一人の前に行き) こんにちは。○○さん。ワークを見ていてどうでしたか。
○○：一夫さんがご家族と仲良くしたかった気持ちが伝わってきて、泣いちゃいました。私に声をかけてくれてありがとう。
私：どうですか？
一夫：不安でドキドキしますけど、嬉しい気持ちです。
私：他のメンバーにも話しかけてみてください。
(一夫は何人かのグループ・メンバーのところに行き、話しかける。グループ・メンバーは一夫に、ポジティブなストロークを伝えている。)
私：(自分の椅子に戻ってきた一夫に) 今、どんな気持ちですか？
一夫：うれしいです。こんな風に話をしたかったんです。
私：自分にそうできる力があることを感じてください。新しいチャレンジなので、最初は不安になることがあっても当然です。
一夫：ありがとうございます。不安を感じても、チャレンジしていきます。
私：これで終わりにしていいですか。
一夫：はい。

グループ・メンバー：（拍手）

3　マジック・ショップ

マジック・ショップは、ウィルバート・バムカーが創作したイメージを用いた技法（W. Baumker, 1985）で、その起源はサイコドラマの創始者であるジェイコブ・レヴィ・モレノが用いた「導入のための演習」にあるとされています。

マジック・ショップは、次のような手順で実施します。

①想像力を働かせるための予備演習

マジック・ショップは、セラピストがガイド役になって空想の世界に誘導する、「ガイドつきのファンタジー」と呼ばれるものから始めます。たとえば、「あなたは今、見知らぬ街を歩いていています。洋風で美しい建物の間の石畳の道を歩いていくと、両側にはマーケットが並んでいます。屋台からはおいしそうな食べ物の匂いが流れてきます。人々のざわめきを感じているでしょうか？」といった具合です。このような「導入の演習」で、参加者がどの程度空想の世界に入り込む準備態勢が整ったかを観察します。その際、「目をつぶったほうが想像しやすい人はそうしてください。目を開けたままでもかまいません」と伝えます。最初の段階ではまだ、目をつぶることに恐れを感じる人もいるからです。

②マジック・ショップへの誘導

準備態勢が整ったら、マジック・ショップへ誘導します。この段階では、全員に目をつぶってもらいます。たとえば、「さぁ、目をつぶってください。あなたは、これから空飛ぶ魔法のじゅうたんに乗って旅をします。素敵な色できれいな模様がついていて、落ちることは絶対にありません。さぁ、乗り込みましたか。それでは出発です。どんどん上昇して、街が小さくなっていきます。しばらく、空の旅を楽しみましょう。今、砂漠の上を飛んでいます。だんだん薄暗くなってきましたね。遠くに街の光が見えてきました。明るい街のようです。着陸してみましょう。さぁ、街につきました。あなたは、通りを歩いています。いろいろな店が並んでいます。あれ、ちょっと変わった店がありますよ。明るいネオンサインが出ていて、『マジック・ショップ』と書いてあります。ちょっと行ってみましょう。看板がありますね。『この店はマジック・ショップ。ここにはあなたの欲しいものが何でもそろっています。他の店には絶対なくても、ここには必ずあなたが求めているものがあります。ただし、個人用の品物のみ』。それでは、店に入ってみましょう。あなたはゆっくりと店の扉を開けます。さぁ、目を開けてください」

参加者が目を開くと、そこにはマジシャン（あるいは魔法使い）に変装したセラピストがいて、

「マジック・ショップにようこそ！」と歓迎してくれます。このセラピストの変身についての驚きが、参加者の〈ＦＣ〉（〈自由な子ども〉）を活性化し、マジックの効果を大きくします。

③マジック・ショップの開始

セラピスト（店主）が「このマジック・ショップには、あなたが欲しいものが何でもそろっています。ただし、ここでは物々交換でしか品物がもらえません。欲しいものを持って帰る代わりに、あなたがいらなくなった物を置いていってください。さぁ、最初に買い物をするのは誰ですか？」と言い、マジック・ショップが始まります。最初は契約の段階であり、名乗り出てきた買い手が、何が欲しいかを店主に伝えます。

買い手：バッグが欲しいんです。
店主：バッグですね。こちらへお越しください。このコーナーには、バッグがたくさんありますよ。どうぞご覧ください。どのようなバッグをお探しですか？
買い手：持ち歩いているだけで心が明るくなるような、明るい色のバッグが欲しいんです。
店主：それだったら、このピンクのバッグはいかがですか？　明るくてきれいな色でしょう？
買い手：うーん、そうですねぇ。もう少し柄があるほうがいいですね。
店主：それでしたら、こちらのバッグはいかがでしょうか？　明るいピンクに刺繍が入っているんです。あなたの心を明るくしますよ。
買い手：これは素敵ですね。これにします。

④物々交換

買うものが決まったら、店主は買い手にその代わりに何を置いて行ってくれるかを聞きます。買い手に置いて行ってもらうものは、買い手にとってとても大切だったけれど、今はもう必要のないものです。店主はそれが、どのような人に、どう役に立つのかを確認します。

店主：ありがとうございます。それでは、代わりに何を置いて行っていただけますか？　何か、あなたにとってとても大切で、しかし今はもういらないものはありますか？
買い手：それでは、このオルゴールを置いて行きます。これは、母が私の五歳の誕生日に買ってくれたもので、ずっと大切にしてきたんです。とてもきれいな音で、つらいとき、悲しいとき、いつも私を励ましてくれたんです。
店主：そんな大切なものを手放していいんですか？
買い手：はい。私、いつまでも悲しみの中にいたくないんです。明るい気持ちで生きていきたいんです。
店主：そうですか。わかりました。このオルゴールはどんな人に役に立ちますか？

買い手：そうですね。つらいことや悲しいことを体験している方がいたら、その人に使ってほしいです。この音を聴いているだけで、こころが慰められると思います。

⑤別れの儀式

交換するものが決まったら、店主と買い手は別れを告げます。

店主：それでは、このオルゴールをいただきます。そして、こちらがバッグです。お気に召しましたか？

買い手：はい。とても気に入りました。

店主：それでは、ありがとうございました。さようなら。

買い手：さようなら。

グループ・メンバー：（拍手）

マジック・ショップは、これまで大切にしてきて、今では必要がないもの（脚本）を手放し、今の自分に必要なもの（新しい決断）を手に入れるという再決断のプロセスを、ファンタジー（イメージ）の世界の中で体験する、とてもユニークな技法です。〈自由な子ども〉の自我状態を用いながら、楽しく展開できる点がメリットですが、一方でそのプロセスで、しっかりとクライエントの脚本をアセスメントし、脚本化された反応（値引き、ラケット、ゲーム、ドライバー行動など）に注意し、それに巻き込まれないようにする必要があります。

4　悪漢退治のエクササイズ

悪漢退治のエクササイズは、メリー・グールディングが考案したイメージを用いたエクササイズで、再決断療法の考え方をその基盤としています（M. Goulding, 1985）。これは、自分の〈親〉の自我状態にあって、自分を責めたり、傷つけたりするネガティブな部分を「悪漢」に見立てて、それを退治するものです。悪漢退治のエクササイズは、参加者全員で行うもので、おおむね次のような手順で行われます（これは、メリー・グールディングが考案した手順を、筆者がワークショップ向けにアレンジしたものです）。

①想像力を働かせるための予備演習

セラピストはまず、参加者の「今・ここ」での気づきを活性化します。リラックスして座ってもらい、自分の「今・ここ」での気づきに集中してみます。五感で気づくこと（何が見えるか、何が聞こえるか、どんな匂いがするか、口の中の味は、何か肌に触れるものがあるか）、そして、身体の感覚、感情に気づきを向けてもらいます。

次に、イメージを使う練習をします。ここではセラピストが誘導しながら、イメージの世界を楽しみます。たとえば、「白い砂浜のビーチパラソルの下に座っているところを想像してください。目の前には青い海、青い空が広がっています。空には白い雲が浮かび、カモメが飛んでいます」といった具合です。そして、その後、そのイメージをさまざまに変えて、イメージを変えることができることを体験してもらいます。たとえば、「白い雲は、よく見ると、おいしそうなアイスクリームの形をしています。カモメがそれを食べて、おいしそうにしています。今度は青い海を緑色にしてみましょう。空は、紫色にしてみましょうか」といった具合です。

②悪漢をイメージする

イメージを自由自在に使えるようになったら、今度はセラピストが誘導しながら、自分が何か失敗したときのイメージをしてもらいます。たとえば、朝寝坊して、会議に遅れてしまった場面などです。そして、その際に、自分の頭の中で、自分に何と言っているかに気づいてもらいます。そして、このようなときに、頭の中に現れて、自分を責めてくる「悪漢」をイメージしてもらいます。そして、それに、名前を付けてもらいます。このとき、できるだけユーモラスな名前をつけてもらうといいでしょう。たとえば、「いちゃもん屋」「ダメ出しくん」「怒りん坊」などです。

③悪漢の言葉の中に、自分の役に立つものがあれば、それにお礼を言う

私たちがしばしば悪漢に影響されてしまうのは、悪漢の言うことにも正論が含まれているからです。たとえば、「だから何でも早く準備しろと言っただろう」「気持ちが緩んでいるからちゃんとしたことができないんだ」などです。しかし、そのようなメッセージは、大人になった自分には、もう必要ないのです。そこで、悪漢に対して、「これまでいろいろ教えてくれてありがとう」とお礼を言います。そして、そのうえで、「でも、もう私が自分で判断できるから、うるさく言ってこなくてもいいです」と伝えます。

④悪漢を退治する

イメージした悪漢を、参加者のユーモアに富んだ創造力を使ってもらい、極端でおおげさな姿にして、イメージしてもらいます。その悪漢の容姿、着ている洋服、姿勢なども想像してもらい、その悪漢が、自分の前に立って、おおげさにいろいろ言ってくるところを想像してもらいます（悪漢になってもらい、その姿を演じてもらうこともあります）。

そのうえで、その悪漢に向かい「私にはあなたは必要ありません。さようなら」と言って、悪漢を追い払います。なかなか追い払えない人には、必ず追い払える魔法の杖を使ってもらってもＯＫです。

さらに、次のようなイメージを使った方法で、悪漢を追い払うことを学びます。まず、悪漢

がテレビに出ているところを想像します。そして、悪漢が参加者に、いつものセリフを言って責めてくるところを想像します。次に、画面を早送りにしてみます。悪漢のセリフも早送りになります。今度は逆に、スローで再生してみます。次は、音量を消して、悪漢が口をパクパクさせているのを見ます。そして、参加者に、この番組をこのままずっと見ていたいかと聞きます。参加者がもう嫌と思ったら、チャンネルを変えることを提案します。自分のお気に入りのドラマや、料理番組、音楽番組などに変えます。チャンネルを変えているうちに、さっきのあのチャンネルになってしまったら、どうするかを参加者に選択してもらいます。このまま悪漢の声を聞き続けるのも、チャンネルを変えるのも参加者の自由です。

⑤自分の仲間を味方にする

悪漢を追い払ったら、自分に対して肯定的なストロークをくれる人を自分の味方にします。自分の中にいる自分の味方をイメージしてもらいます。また、友だちもイメージしてもらいます。そして、その人たちから、自分が欲しいストロークをもらいます。

このような手順を、エンプティ・チェアを使ったワークとして行うことも可能です。また、自分自身が誰かに対して悪漢になってしまっている場合には、その人自身が同じような悪漢から非難されたり、傷つけられた経験がないかを確認して、同じエクササイズを行います。

〈例〉優子（三五歳、仮名）

優子さんはエクササイズを通じて、自分の中に、何かうまくいかないことがあると文句をつけてくる「いちゃもん屋」がいることに気づきました。その「いちゃもん屋」は、某国の大統領のようないでたちで、優子さんが何かうまくいかないことがあると出てきては、優子さんにダメ出しをするのでした。優子さんは「いちゃもん屋」に、「あなたがいたので、私はがんばることができました。ありがとう」と伝えたうえで、「でも、もう、私にはあなたは必要ないわ。あなたがいると、私はのびのびできないの。さようなら」と言い、「いちゃもん屋」をテレビに出演させ、チャンネルを優子さんの好きな旅行番組に変えました。優子さんに感想をきくと、「これから『いちゃもん屋』が出てきたら、まず音量を消して、それからチャンネルを変えることにします」と言いました。参加者からは優子さんに、温かい拍手がおくられました。

以上、再決断療法を用いたさまざまなワークやエクササイズをご紹介してきました。これらの他にも、再決断療法にはさまざまな応用技法があります。しかし、いずれも、幼児期に作り上げた脚本から脱却し、新しい生き方を選択するという再決断療法の基本的な考え方に変わりはありません。これからも、基本的な考え方を大切にしながら、一人ひとりのクライエントに役に立つように、さまざまな工夫がなされていくことが必要でしょう。

おわりに

この本を読み終えて、あなたは今、どのような感想をお持ちでしょうか？

この本は、今、生きづらさを感じているあなたに、そこから抜け出す方法をお伝えすることを目的に書かれたものです。再決断療法は、あなたの生きづらさの原因は、あなたが小さい頃の環境の中で身につけた、人生を生き抜くための適応パターン、すなわち脚本にあると考えています。しかし、それは決して、否定されるべきものではありません。それは、今まであなたを守ってきた守り神のようなものなのです。だからこそ、あなたはそれを手放さなかったのです。しかし、今、あなたが生きづらさを感じているとすれば、それは、あなたにはもうその脚本は不要であることのサインなのです。つまり、今のあなたの生きづらさは、あなたが心の中で新しい生き方を求めていることを教えてくれているのです。

もちろん、今まで自分を守ってきた脚本を捨てて、新しい生き方をしていくのは簡単なことではありません。新しいチャレンジには、リスクがつきものです。それにもかかわらず、新しいチャレンジをしていくためには、あなたの**意志の力**が必要です。あなたの心の中で、これまであなたを非難し、傷つけてきた悪漢を追い払い、あなたがいつも逃げ込んできた穴にはふたをする必要があるでしょう。しかし、あなたが新しい生き方をすることを再決断したとき、あなたは多くの味方があなたを応援してくれることに気づくはずです。あなたの中で眠っていた生きるためのエネルギーが目を覚まし、あなたを元気づけるでしょう。あなたの心の中であなたを支えてきた人々が、優しくあなたの心を癒すでしょう。そして、あなたの周りには、あなたとともに歩んでくれる友だちが現れるでしょう。それらを実感したとき、あなたはもう、脚本に戻りたいとは思わないでしょう。

私自身、これまで何回も再決断療法やゲシュタルト療法のワークを受けながら、少しずつ脚本から抜け出して、自分らしい生き方をすることができるようになりました。この本を読まれたあなたが、再決断療法に関心を持ってくださり、再決断療法のワークを受けながら、自分の生きづらさから抜け出し、自分らしく生きて行かれることを願っています。

参考文献

Baumker, W. (1985) Magic Shop Workshop. in Kadis, L. & Goulding, M. (1985) *Redecision Therapy Expanded Perspectives Then & Now*. Zeig, Tucker & Theisen, Inc. 40-41.

Beisser, A. (1970) The Paradoxical Theory of Change. in Fagan, J. & Shepherd, I. L. (1970) *Gestalt Therapy Now: Theory, Techniques, Applications*. The Gestalt Journal Press.

Berne, E. (1961) *Transactional Analysis in psychotherapy: A Systematic Individual and Social Psychiatry*. New York, Grove Press.

Berne, E. (1964) *Games People Play: The Psychology of Human Relationships*. New York, Grove Press, Inc. [南博訳 (1967)『人生ゲーム入門——人間関係の心理学』河出書房新社]

Berne, E. (1966) *Principles of Group Treatment*. New York, Grove Press, Inc.

Berne, E. (1972) *What Do You Say After You Say Hello?: The Psychology of Human Destiny*. New York, Grove Press.

Crossman, P. (1966) Permission and protection. *Transactional Analysis Bulletin*, 5 (19), 152-154.

Dusay, J. (1972) Egograms and the Constancy Hypothesis. *Transactional Analysis Journal*, 2 (3), 37-41.

English, F. (1971) Rackets and Real Feelings Part I. *Transactional Analysis Journal*, 1 (4), 27-32.

English, F. (1976) Racketeering. *Transactional Analysis Journal*, 6 (1), 78-81.

Erskine, R. & Zalcman, M. (1979) The Racket System : A Model for Racket Analysis. *Transactional Analysis Journal*, 9

(1), 51-59.

Federn, P. (1952) *Ego psychology and the psychoses*. New York, Basic Books.

Goulding, R. & Goulding, M. (1976) Injunctions, Decisions, and Redecisions. *Transactional Analysis Journal*, 6 (1), 41-48.

Goulding, R. & Goulding, M. (1978) *The Power is in the Patient: A TA/Gestalt Approach to Psychotherapy*. San Francisco, TA Press.

Goulding, M. & Goulding, R. (1979) *Changing lives through redecision therapy*. New York, Brunner/Manzel. ［深澤道子訳 (1980)『自己実現への再決断——ＴＡ・ゲシュタルト療法入門』星和書店］

Goulding, R. (1985) History of Redicision Therapy. in Kadis, L. & Goulding, M. (1985) *Redecision Therapy: Expanded Perspectives... Then & Now*. Zeig, Tucker & Theisen, Inc. 1-3.

Goulding, M. (1985) *Who's Been Living In Your Head?* WIGFT PRESS. ［深沢道子訳 (1988)『自分を変えるための悪漢退治の本』同文書院］

James, M. (1974) Self Reparenting : Theory and Process. *Transactional Analysis Journal*, 4 (3), 32-39.

James. M (1998) *Perspectives in Transactional Analysis*. San Francisco, TA Press.

Joines, V. (2016) 再決断療法研究会講義資料

Kahler, T. (1977) The Miniscript. *Transactional Analysis Journal*, 4 (1), 26-42.

Karpman, S. (1968) Fairy Tales and Script Drama Analysis. *Transactional Analysis Bulletin*, 7 (26), 39-43.

Karpman, S. (1971) Options. *Transactional Analysis Journal*, 1 (1), 79-87.

McNeel, J. R. (1976) The Parent Interview. *Transactional Analysis Journal*, 6 (1), 61-68.

百武正嗣（2009）『気づきのセラピー——はじめてのゲシュタルト療法』春秋社

百武正嗣（2014）『ゲシュタルト療法——トレーニング・テキスト』日本ゲシュタルト療法学会

Perls, F.（1973）*The Gestalt Approach and Eye Witness to Therapy*. Science and Behavior Books, Inc.［倉戸ヨシヤ監訳（1990）『ゲシュタルト療法——その理論と実際』ナカニシヤ出版］

Schiff, J., et al.（1975）*Cathexis reader : transactional analysis treatment of psychosis*. New York, Harper and Row.

Steiner, C.（1966）Script and Counterscript. *Transactional Analysis Bulletin*, 5（18）, 133-135.

Stewart, I. & Joines, V.（1987）*TA today: A New Introduction to Transactional Analysis*. Nottingham, Lifespace Publishing.［深澤道子監訳（1991）『TA TODAY——最新・交流分析入門』実務教育出版］

Thomson, G.（1983）Fear, anger and sadness. *Transactional Analysis Journal*, 13（1）, 20-24.

Woollams, S. J. & Brown, M.（1978）*Transactional Analysis: A Modern and Comprehensive Text of TA Theory and Practice*. Dexter, Huron Valley Institute.［繁田千恵監訳（2013）『交流分析の理論と実践技法——現場に役立つ手引き』風間書房］

あとがき――私と再決断療法

私が再決断療法と出会ったのは、一九九二年のことで、もう二五年も前のことになります。三〇年前に交流分析と出会った私が、自分の人生を変える決断をしたことについては、最初にお話ししたとおりです。私はそれで、民間企業を辞め、家庭裁判所調査官という仕事に就き、非行少年の心理臨床に携わるようになりました。一方、その後も交流分析の勉強を続けていた私は、幸運にも深澤道子先生や六角浩三先生から交流分析を学ぶことができるようになりました。そして、深澤先生や六角先生がグールディング夫妻のもとで学ばれていたことから、私も再決断療法と出会ったのです。

最初に再決断療法のワークショップに参加したとき、それは衝撃的な体験でした。参加者が目の前で変化していく姿に、私は大きな感銘を受けました。そして、私自身も再決断のワークを受けるようになり、自分が変化していく実感を持つことができました。その頃は、厳しかった父親とのワークをよくしていたように思います。

また、一方で、六角先生に誘われて日本ＴＡ協会に加入し、理事を務めるようになりました（今でも続いています）。さらに、六角先生とＩＴＡＡ（国際ＴＡ協会）のトレーニング契約を結び、再決断療法のセラピストになるためのトレーニングを開始しました。六角先生は、いつもジーンズ姿で、アメリカを感じさせる方でした。そして、六角先生のもとで、多くのワークやスーパービジョンを受け、再決断療法を学んでいきました。

しかし、一九九七年五月、六角先生は急に亡くなられてしまいました。その後、路頭に迷っていた私を救ってくれたのは、深澤先生でした。深澤先生が私に声をかけてくださり、私は深澤先生とトレーニング契約を結んだのです。そして、その後は深澤先生の下で再決断療法のトレーニングを続け、二〇〇一年にはＩＴＡＡの有資格会員（心理療法分野）の資格を得ることができました。また、深澤先生を通じて、メリー・グールディングからもトレーニングを受けることができました（ボブ・グールディングはすでに亡くなられていて、残念ながらお会いできませんでした）。深澤先生もメリー・グールディングもトレーニングには厳しい面があったと聞きますが、私にはいつも肯定的なストロークをくださり、優しい存在でした。そして、私は深澤先生やメリー・グールディングから、「本物の」再決断療法を学びました。

しかし、その後、二〇〇八年にメリー・グールディングは亡くなり、ほどなく深澤先生も病いに倒れてしまいました。そのため、私はすっかり勉強する意欲を失ってしまい、再決断療法から離れてしまいました。それほど、深澤先生とメリー・グールディングの存在は、私にとって大きかったのです。

そんな私が、再び再決断療法を学ぶ気持ちになったのは、ゲシュタルト療法との出会いからでした。二〇一一年に単身赴任になった私は、自由な時間ができたことから、福山で開催されていたゲシュタルト療法のトレーニング・コースに参加するようになったのです。そして、そこで百武正嗣さんを初め、多くのゲシュタルト療法のファシリテーターからワークを受けました。すると、私の中に、再決断療法を学んでいた頃の感覚がよみがえってきたのです。折しも、二〇一三年の夏に大阪で国際ＴＡ協会の大会が開かれることになり、私はそれを機に、再決断療法のトレーニングを再開することに決めました。残念ながら、その大会直前の二〇一三年五月に深澤先生は亡くなられてしまいましたが、私の決断はもう揺るぎませんでした。むしろ、これまでお世話になった六角先生や深澤先生、そしてメリー・グールディングの意志を継ぐためにも、再決断療法を行っていこうと思ったのです。

そして、二〇一三年十一月、私は日本で再決断療法を学ぶならこの人のもとでと思っていた繁田千恵先生に、スーパーバイザーになっていただけないかとお願いに行きました。繁田先生とはしばらくお会いしていなかったのにもかかわらず、快く受け入れていただき、トレーニング契約を結んでいただきました。そして、ＩＴＡＡの准教授会員となったのです。繁田先生からは現在も、再決断療法についても、心理臨床家としてそして人間としてのあり方についても、多くのことを学ばせていただいています。そして、二〇一六年からは、繁田先生や白井幸子先生を通じて、ヴァン・ジョインズからも再決断療法のトレーニングを受けることができるようになりました。本当に、ありがたいことだと思っています。

その後、私はより再決断療法やゲシュタルト療法の実践に時間をかけられるように、二〇一五年に二度目の転職をして、大学教員になりました。現在は、大学で心理学を教えながら、再決断療法やゲシュタルト療法のワークショップを行っています。そのうち、日本ＴＡ協会では、高橋典子先生とともに「ＴＡ・ゲシュタルトの旅」というワークショップを担当させていただいています。高橋典子先生は深澤先生のもとで再決断療法を学ばれた先輩であり、このワークショップでは、私はセラピストを務めながら、同時に高橋典子先生のワークを学ぶことができ、貴重な体験をさせていただいています。その他、日本集団精神療法学会や日本産業カウンセラー協会などでも、再決断療法のワークショップを実施しています。一方、私はゲシュタルト療法の勉強も続けており、二〇一六年からは日本ゲシュタルト療法学会の理事長を務めさせていただいています。二〇一七年には学会の大会長を務め、アメリカからヴァン・ジョインズをお呼びし、再決断療法のワークショップを行いました。また、二〇一七年四月からは、百武正嗣さんが理事長を務めるゲシュタルト・ネットワーク・ジャパン（ＧＮＪ）で、再決断療法を基盤とした「ＴＡ・ゲシュタルト・ワークショップ」を実施しています。

こうしてふり返ってみると、私の人生は、再決断療法とともにあると言っても決して過言ではありません。交流分析との出会いによって人生を変える再決断をし、その後も何か悩みや生きづらさを感じると、いつも再決断療法やゲシュタルト療法のワークを受けることでそれを乗り越えてきました。そして、前述のとおり、そのような私を見守り、支えてくださった多くの方々がいました。私は現在五五歳となり、これまで私を支えてくださった皆さんから与えていただいたものを引き継ぎ、そして伝えて行こうと決断しました。その表れの一つが、この本です。この本には、これまで私が学んできた多くの財産が詰まっています。この本が、この本を手に取られた皆さんのために、少しでもお役に立てれば幸いです。

この本を終えるにあたって、これまで私に再決断療法を教えてくださるとともに、私を支えてくださったメリー・グールディング、深澤道子先生、六角浩三先生、繁田千恵先生、高橋典子先生、そしてヴァン・ジョインズと白井幸子先生に深く感謝の意を表します。また、私のゲシュタルト療法の師であり、この本の執筆を勧めてくださった百武正嗣さんに、深く感謝いたします。そして、再決断療法やゲシュタルト療法をともに学び、支え合っている仲間に対しても、ありがとうを言いたいと思います。さらに、このような私を生んでくれた父母や兄たち、そして現在の私を支えてくれている妻と二人の息子にも、感謝しています。そして、私と出会った、そしてこれから出会うクライエントの方々、この本を読んでいただいた方々の幸せを祈って、この本を閉じたいと思います。

最後になりましたが、この本を書く機会をいただき、支えてくださった手島朋子さんを初め、春秋社の方々に深くお礼を申し上げます。ありがとうございました。

二〇一七年十一月

室城隆之

著者紹介

室城隆之（Takayuki Muroki）

1962年、東京都生まれ。江戸川大学教授、博士（心理学）、臨床心理士、公認心理師。国際交流分析協会教授会員（心理療法分野）、再決断療法士。

上智大学法学部を卒業後、民間企業勤務を経て、1987年から家庭裁判所調査官として28年間、非行・夫婦・家族問題の臨床に従事。現在、江戸川大学社会学部人間心理学科教授（臨床心理学・犯罪心理学）ほか、上智大学、明治大学、明治学院大学、ルーテル学院大学、聖徳大学非常勤講師。

日本ゲシュタルト療法学会理事長、日本TA協会会長などを歴任。

NPO法人ゲシュタルトネットワークジャパン（GNJ）
　http://www.gestaltnet.jp/
著者連絡先　tmuroki@edogawa-u.ac.jp

「生きづらさ」を手放す　自分らしさを取り戻す再決断療法

2017年12月25日　第1刷発行
2024年 2 月25日　第3刷発行

著者——————室城隆之
発行者—————小林公二
発行所—————株式会社 春秋社
〒101-0021 東京都千代田区外神田2-18-6
電話 03-3255-9611
振替 00180-6-24861
https://www.shunjusha.co.jp/
印刷・製本———萩原印刷 株式会社
装丁——————鈴木伸弘

ISBN978-4-393-36551-9
定価はカバー等に表示してあります